FESTLICHE GERICHTE EINMAL ANDERS

Meister Verlag GmbH

INHALT

Neue Welt

Mittel- & Südamerika

FETTGEBACKENES – 3 X ANDERS

Afrika & Naher Osten

Mittelmeerraum

Festliche Gerichte aus aller Welt

In jedem Land auf der Welt werden Feste gefeiert, die sich auf eine lange Tradition berufen können. Bei diesen werden dann zu Hause, an Marktständen oder in Restaurants kulinarische Klassiker serviert.

Asien & Ferner Osten

Arbeitselefanten spielen in der thailändischen Holzwirtschaft eine wichtige Rolle, da mit ihnen heute noch schwere Holzstämme aus den Wäldern gezogen werden. Von klein auf bildet man sie zusammen mit ihrem Führer, dem Mahout, aus. Einmal jährlich findet in der Provinz Surin ein Treffen statt, bei dem Führer und Tier ihre Kraft und Geschicklichkeit vor einem großen Publikum unter Beweis stellen können.

Mittel- & Südamerika

Lateinamerika hat eine sehr lebendige Volkskultur. In der Stadt Oaxaca in Südmexiko findet am 23. Dezember das »Fest der Radieschen« statt. Neben Musik, Tanz, Essen und Feuerwerk werden biblische Szenen mit Figuren aus Radieschen, Mais und Rettich nachgestellt.

Mittelmeerraum

In Spanien vergeht kein Tag, an dem nicht irgendwo ein Fest stattfindet. In Andalusien feiert man die klassischsten aller spanischen Feste. Mit farbenfrohen

Osteuropa

In den ländlichen Gegenden Osteuropas verstand man es schon immer, Feste zu feiern. Traditionelle Musik, gespielt auf typischen Instrumenten, und alte Tänze, vorgeführt in farbenprächtigen Trachten, werden auf diesen Festen lebendig.

Flamencokostümen und Kastagnetten wirbeln junge Frauen zum Rhythmus der überall hörbaren Musik durch die Straßen der Städte und Dörfer.

Neue Welt

Kürbismasken, Gespenster aus Stoff und kostümierte Kinder, die von Haus zu Haus ziehen, sind die Wahrzeichen von »Halloween«. Wer auf die Frage »Trick or Treat« keine Süßigkeiten verteilt, muß mit Streichen der Kleinen rechnen.

Afrika & Naher Osten

In den marokkanischen Königsstädten sind Moscheen, Universitäten und Paläste aus allen Epochen der Geschichte erhalten. Von diesen geistigen Zentren aus verbreitete die gebildete Oberschicht die Kultur und den Glauben in die übrigen eher ländlichen Gebiete.

Nord- & Mitteleuropa

Zu Ehren von Königin Elisabeth II. finden jährlich an ihrem Geburtstag die spektakulären Paraden der »Horse Guards« und eine große Fahnenparade statt. Für traditionsbewußte Briten steht dieser Tag natürlich ganz oben auf der Liste der Festtage.

*W*EIHNACHTSSCHINKEN »JULSKINKA«

SCHWEDEN

Alle Jahre wieder freut sich ganz Schweden auf den traditionellen Schinken. Dieser bekommt an den Feiertagen einen feinen Knuspermantel aus Senf, Zucker und Semmelbröseln.

ZUTATEN
(Für 6 Portionen)

- 1 kg Schinken (siehe Zutatentip)
- 5 schwarze Pfefferkörner
- 5 Pimentkörner
- 1 Lorbeerblatt
- 1 EL brauner Zucker
- 2 EL Semmelbrösel
- 1½ EL mittelscharfer Senf
- 1 Eiweiß

AUSSERDEM

- 75 g Trockenpflaumen
- 25 g Butter
- 8 rote Äpfel
- 1 unbehandelte Orange
- Fett für das Backblech
- einige Gewürznelken

ZUTATENTIP

Den Schinken sollten Sie am besten beim Metzger vorbestellen. Er sollte nur leicht gepökelt und geräuchert sein.

1 Die Pflaumen mit Wasser bedeckt über Nacht einweichen. Am nächsten Tag den Schinken mit Pfeffer- und Pimentkörnern sowie Lorbeerblatt in einem Topf mit Wasser bedeckt zum Kochen bringen und alles etwa 1 Stunde 30 Minuten gar ziehen lassen.

2 Die Pflaumen mit dem Einweichwasser in einem zweiten Topf zum Kochen bringen und in 15 Minuten gar kochen. Die Butter in einer Pfanne zerlassen. Die Äpfel waschen, vierteln, entkernen und mit Butter bepinseln. Die Orange heiß waschen, trockenreiben und in Scheiben schneiden.

3 Den Backofen auf 250 °C vorheizen. Ein tiefes Backblech einfetten. Den Schinken aus dem Sud nehmen und leicht abkühlen lassen. Zucker und Brösel mischen. Schinken mit Senf und dann mit Eiweiß bestreichen. Zuletzt mit der Bröselmischung bestreuen.

4 Den Schinken mit den Apfelvierteln auf das Blech setzen und im Ofen (Gas 5; Umluft 230 °C) 15 Minuten braten. Dann die Oberfläche des Schinkens rautenförmig einschneiden, in die Mitte jeder Raute 1 Nelke stecken. Den Schinken mit Pflaumen, Äpfeln und Orangenscheiben garniert servieren.

Schritt 2

Schritt 3

Schritt 4

Einweichen **12** Std.
Zubereiten **1** Std. **55** Min.
Pro Portion: 640 kcal/2678 kJ; 59 g EW; 31 g F; 31 g KH

TYPISCH SCHWEDISCH

In Schweden sind die Winter eiskalt, wochenlang die Seen zugefroren und die Landschaft dick in Schnee gehüllt. Rückt die Weihnachtszeit näher, wird in den Häusern alles feierlich geschmückt, und jeder freut sich auf das Festessen mit feinem Schinken, saftigem Kuchen und anderen winterlichen Köstlichkeiten.

Kochtip

- Den Schinken zum Aufschneiden am besten auf ein Brett mit Saftrille legen. Dann mit einem elektrischen Messer in gleichmäßige Scheiben schneiden.
- Sollte vom Schinken etwas übrigbleiben, dann können Sie diesen auch kalt genießen. Das Fleisch hält sich zugedeckt im Kühlschrank aufbewahrt 3-4 Tage.

Serviertip

Dazu paßt eine scharf-fruchtige Sauce aus Johannisbeergelee, Zwiebelsalz, Portwein, Ingwer und Tabasco-Sauce.

Einen Weihnachtspunsch aus Wein, Rosinen, Orangenschale und Gewürzen anbieten.

Klassischer Christmas Pudding

Grossbritannien

Schon Wochen vor Weihnachten bereiten Englands Hausfrauen jedes Jahr den Früchtepudding für das bevorstehende Fest zu. Nur so können Sherry, Früchte und Gewürze gut durchzie-

ZUTATEN

(Für 1 Puddingform, 2 l Inhalt)

- 150 g altbackenes Toastbrot
- 50 g Zitronat
- 50 g kandierte Kirschen
- 100 g abgezogene Mandeln
- 2 unbehandelte Orangen
- 1 unbehandelte Zitrone
- 1 Apfel, 200 g Sultaninen
- 150 g weiche Butter
- 75 g Mehl
- 100 g brauner Zucker
- je 2 Msp. gemahlener Zimt und Ingwer
- je 2 Msp. gemahlene Nelke und gemahlenes Piment
- 1 Msp. geriebene Muskatnuß
- ½ TL Salz, 3 Eier
- 100 ml Weinbrand
- 100 ml Cream-Sherry

AUSSERDEM

- Butter für die Form und zum Bepinseln
- Pergamentpapier

1 Brot fein reiben. Zitronat, Kirschen und Mandeln grob hacken. Dann Orangen und Zitrone heiß waschen, trockenreiben und die Schale fein abreiben. Von 1 Orange und der Zitrone den Saft auspressen. Den Apfel schälen, vierteln, entkernen und grob raspeln.

Schritt 1

2 Brot mit Sultaninen, Butter, Zitrusschale, Mandeln, Kirschen, Zitronat und Apfel verrühren. Dann Mehl, Zucker, Gewürze, Salz, Saft und Eier untermengen. Zum Schluß Weinbrand und Sherry untermischen. Alles zugedeckt 48 Stunden kühl stellen.

Schritt 2

3 Form ausfetten (siehe Kochtip). Puddingmasse einfüllen. 1 Stück Pergamentpapier mit Butter bepinseln und mit dieser Seite auf die Masse legen. Form verschließen und in einen Topf mit Siebeinsatz stellen. Dann so viel Wasser angießen, daß die Form bis zu etwa ¾ davon bedeckt ist, und erhitzen. Den Christmas Pudding bei schwacher Hitze etwa 4 Stunden darin gar ziehen lassen.

Schritt 3

4 Den Pudding auskühlen lassen, aus der Form stürzen und in Aluminiumfolie verpackt 3 Wochen an einem kühlen trockenen Ort ruhen lassen. Vor dem Servieren nochmals 1 Stunde im Wasserbad erhitzen.

Zubereiten **35** Min. Kühlen **2** Tage
Garen **5** Std. Ruhen **3** Wochen
Pro Portion: 555 kcal/2322 kJ;
8 g EW; 26 g F; 60 g KH

Typisch britisch

Am Weihnachtsabend wird in England aufgetischt, was das Herz begehrt. Zum Braten kann man wählen zwischen Gemüse, Salat, Früchten und Cranberries. Der Christmas Pudding bildet jedoch den krönenden Abschluß des Menüs. In diesen wird, bevor man ihn im Wasserbad erhitzt, eine Münze als Glücksbringer gesteckt.

Kochtip

Wer keine spezielle Puddingform besitzt, kann auch eine Metallschüssel in passender Höhe oder eine Gugelhupfform verwenden. Dafür die Schüssel oder die Form ausfetten, die Puddingmasse hineinfüllen, mit eingefettetem Pergamentpapier bedecken und mit extrastarker Aluminiumfolie gut verschließen.

Serviertip

Servieren Sie als Hauptgericht geschmorte Truthahnbrust mit Speck, Kartoffelpüree und Rosenkohl.

Das passende Getränk zum Pudding ist schwarzer Tee, Kaffee oder Cream-Sherry.

FLAMBIERTES STEAK AUS CHERBOURG

FRANKREICH

Saftige Filetsteaks erhalten durch Worcestersauce und grüne Pfefferkörner einen feinen Geschmack. Durch das Flambieren wird das Gericht ein wahres Fest für Auge und Gaumen.

ZUTATEN
(Für 4 Portionen)

- 4 Filetsteaks (je 100 g)
- 2 TL Worcestersauce
- 1 Schalotte
- 2 EL eingelegte grüne Pfefferkörner
- 75 g Butter
- 2 Zweige Petersilie

AUSSERDEM

- 3 EL Apfelbranntwein (Calvados) zum Flambieren (siehe Zutatentip)

ZUTATENTIP

Statt Calvados können Sie auch einen französischen Cognac nehmen. Wichtig ist dabei nur, daß dieser einen Alkoholgehalt von mindestens 40 Vol. % hat.

1 Das Fleisch waschen, mit Küchenpapier trockentupfen und jeweils beide Seiten mit der Worcestersauce bepinseln. Die Schalotte schälen und fein würfeln. Die Pfefferkörner in einem Sieb abtropfen lassen.

2 Die Butter in einer Pfanne erhitzen. Die Schalotte dazugeben und darin glasig werden lassen. Die Schalotte auf eine Seite der Pfanne schieben, dann die Steaks in die Pfanne geben und bei starker Hitze auf jeder Seite 2 Minuten braten (siehe Kochtip).

3 Die Petersilie abbrausen, trockenschütteln und ohne Stiele fein hacken. Dann die Filetsteaks aus der Pfanne nehmen und auf einer großen Platte anrichten. Mit der Petersilie bestreuen und zugedeckt warm halten.

4 Die Pfefferkörner mit dem Branntwein in die Pfanne geben und mit dem Bratensaft verrühren. Die Sauce nochmals kurz erhitzen, aber nicht mehr kochen lassen. Dann mit einem Streichholz anzünden, noch brennend über die Steaks gießen und sofort servieren.

Schritt 1

Schritt 2

Schritt 3

Zubereiten 30 Min.
Pro Portion: 270 kcal/1130 kJ;
20 g EW; 20 g F; 2 g KH

TYPISCH NORMANDIE

Der französische Apfelbranntwein »Calvados« wird in einem Gebiet hergestellt, das sich von Cherbourg bis nach Le Mans erstreckt. Er ist nicht nur pur ein Genuß für seine Kenner. Auch als hochprozentige Zutat zum Flambieren herzhafter wie süßer Speisen ist der klare Apfelschnaps in aller Welt beliebt geworden.

Kochtip

- Wenden Sie die Fleischstücke am besten mit einer Grillzange und nicht mit einer Gabel, denn durch das Einstechen der Zinken geht Bratensaft verloren.
- Möchten Sie die Steaks am Tisch flambieren, dann die Pfanne mit der heißen Sauce leicht schräg halten, diese entzünden und sofort über das Fleisch gießen.

Serviertip

Davor einen knackigen Chicorée-Frisée-Salat mit einem würzigen Rotweinessig-Öl-Dressing servieren.

 Genießen Sie zum Essen einen Rotwein aus dem Bordeaux, zum Beispiel einen Merlot.

Serviertip Als Dessert einen lauwarmen Apfel-Rosinen-Strudel mit einer Vanille-Rum-Sauce anbieten.

Das passende Getränk ist ein gut gekühltes Helles oder ein frisch gezapftes Pils.

Kirmesbraten mit Kümmel

Deutschland

Der knusprige Schweinebraten schmort zusammen mit Möhren, Zwiebeln und Kartoffeln im Ofen. Das deftige Gericht macht nur wenig Arbeit, und so bleibt Ihnen viel Zeit für Ihre Gäste.

Zutaten
(Für 4 Portionen)

- 800 g Schweinefleisch aus dem Nacken (siehe Zutatentip)
- Salz, schwarzer Pfeffer
- 1 TL getrockneter Thymian
- 1 TL gemahlener Kümmel
- 750 g mittelgroße festkochende Kartoffeln
- 2 große Möhren
- 3 mittelgroße Zwiebeln
- 3 Knoblauchzehen
- 3 EL Öl
- 2 Zweige Rosmarin
- 1 Lorbeerblatt, 3 Nelken
- 150 ml Weißwein
- 150 ml Fleischbrühe

Zutatentip
Schweinefleisch aus dem Nacken ist leicht mit Fett durchzogen und bleibt deshalb beim Schmoren schön saftig. Aber auch Fleisch aus der Schulter ist geeignet.

1 Das Fleisch kalt abbrausen, trockentupfen und mit Salz, Pfeffer, Thymian und Kümmel würzen. Kartoffeln schälen und vierteln. Möhren putzen, schälen und grob würfeln. Zwiebeln schälen und grob zerkleinern. Dann den Knoblauch schälen und vierteln.

Schritt 1

2 Den Backofen auf 200 °C vorheizen. Das Öl in einem Bräter erhitzen. Das Fleisch darin rundherum kräftig anbraten und herausnehmen. Dann Zwiebeln, Möhren und Knoblauch in den Bräter geben und kurz anbraten.

Schritt 3

3 Die Kartoffeln untermischen. Alles salzen und pfeffern. Das Fleisch auf das Gemüse geben. Den Rosmarin kalt abbrausen und mit dem Lorbeerblatt und den Nelken dazugeben. Den Weißwein und die Brühe angießen. Alles zum Kochen bringen. Dann den Bräter mit dem Deckel verschließen und den Braten auf der unteren Schiene im Ofen (Gas 3; Umluft 180 °C) etwa 1 Stunde 15 Minuten schmoren.

Schritt 3

4 Vor dem Servieren alles nochmals mit Salz und Pfeffer abschmecken. Dann den Kirmesbraten mit einem großen scharfen Messer in Scheiben schneiden und mit der Kartoffel-Mischung auf Tellern anrichten.

Zubereiten **30** Min.
Garen **1** Std. **15** Min.
Pro Portion: 645 kcal/2699 kJ; 46 g EW; 31 g F; 39 g KH

Typisch Thüringen
Außer mit Baudenkmälern, wie dieser Renaissance-Fassade in Erfurt, kann Thüringen auch noch mit traditionellen Festspeisen aufwarten. Da werden zu Kirmes-, Schlacht- oder Zwiebelfesten jede Menge deftige Schlemmereien mit Fleisch, Würsten und Gemüse aufgetischt.

WIENER HOCHZEITSTORTE

ÖSTERREICH

So wichtig wie das weiße Kleid am Hochzeitstag: die Torte. Unter einem weißen Sahnetraum verbergen sich feine Böden nach Sacherart mit viel Schokolade und Aprikosenkonfitüre.

ZUTATEN

(Für 20 Portionen)

FÜR DIE BÖDEN

- 300 g Zartbitterschokolade
- 250 g weiche Butter
- 300 g Zucker
- 12 Eigelbe, 10 Eiweiße
- 1 Prise Salz
- 250 g Mehl
- 3 TL Backpulver
- 100 g gemahlene Mandeln
- 6 EL Aprikosenlikör
- 250 g Aprikosenkonfitüre

FÜR DIE CREME

- 1 kg Schlagsahne
- 5 Pck. Sahnefestiger
- 5 EL Puderzucker
- 4 Pck. Vanillezucker

AUSSERDEM

- Fett für die Formen
- Backpapier für die Formen
- einige Silberperlen
- 13 Marzipanrosen (aus der Süßwarenabteilung oder einer Konditorei)

1 Schokolade grob zerkleinern, über einem heißen Wasserbad schmelzen und abkühlen lassen. Butter mit Zucker und Eigelben mit den Schneebesen des Handrührgeräts in 5 Minuten cremig schlagen. Dann Schokolade unterziehen. Backofen auf 180 °C vorheizen. 2 Springformen (16 cm Ø, 26 cm Ø) an den Rändern mit Butter einfetten und die Böden mit Backpapier auslegen.

Schritt 1

2 Eiweiße mit Salz steif schlagen. Mehl mit Backpulver und Mandeln mischen, mit dem Eischnee unter die Eigelbcreme heben. Masse auf die Formen verteilen. Böden auf einmal im Ofen (Gas 2; Umluft 160 °C) etwa 1 Stunde backen und abkühlen lassen. Böden waagrecht halbieren (siehe Kochtip), mit Likör beträufeln, mit Konfitüre bestreichen und wieder zusammensetzen. Den kleinen Boden mit Konfitüre auf dem großen festkleben.

Schritt 2

3 Sahne kurz anschlagen. Sahnefestiger mit Puderzucker und Vanillezucker mischen, unter ständigem Schlagen zur Sahne geben und diese steif schlagen. Torte etwa mit ⅔ der Sahne bestreichen. Restliche Sahne in eine Spritztüte mit Sterntülle geben. Hochzeitstorte rundherum mit Sahnetupfen verzieren und mit Perlen und Marzipanrosen dekorieren.

Schritt 3

Zubereiten 2 Std. Backen 2 Std.
Pro Portion: 555 kcal/2322 kJ;
7 g EW; 39 g F; 40 g KH

TYPISCH WIEN

In Wien gibt es wahrhaft Anlässe genug, diese aufwendige Hochzeitstorte auch auf anderen festlichen Büfetts zu präsentieren. Beim jährlichen Wiener Opernball werden die Töchter aus höheren Kreisen ganz offiziell in die Gesellschaft eingeführt, und manchmal lernen sie dort bereits den Mann fürs Leben kennen.

Kochtip

Wenn Sie einen Backofen mit Umluft besitzen, dann können Sie die beiden Böden auch auf einmal backen. Jede Form auf 1 Backblech setzen. Dann 1 Blech auf die unterste Schiene und das andere auf die mittlere Schiene stellen. Beide Böden im Backofen bei 175 °C Umluft in etwa 1 Stunde fertigbacken.

Serviertip

Davor köstliche Canapés mit Kaviar, Käse, Fischmousse, geräuchertem Lachs und Parmaschinken reichen.

Zur Torte genießt man in Wien einen Kaffee mit Sahnehaube und mit Kakaopulver bestäubt.

FESTTAGSEINTOPF »BIGOS«

POLEN

In Polen ißt man auch an Festtagen gerne deftige Speisen: Dieser Eintopf mit Fleisch, Sauerkraut, Pilzen und Räucherwurst verdankt dem Schuß Rotwein seine besondere Note.

ZUTATEN
(Für 4 Portionen)

- 15 g getrocknete Steinpilze
- 100 g durchwachsener Räucherspeck
- 250 g Schweinefleisch aus der Schulter
- 250 g Rindfleisch aus der Hüfte
- 2 Zwiebeln
- 2 Knoblauchzehen
- 150 g Kabanossi
- 500 g Sauerkraut
- 2 EL Schweineschmalz
- Salz, schwarzer Pfeffer
- 1 TL Kümmelsamen
- 1 TL getrockneter Majoran
- 1 Lorbeerblatt
- ½ l Fleischbrühe
- ⅛ l Rotwein
- 3 EL Tomatenmark
- 1 Prise Zucker

AUSSERDEM

- 2 Zweige Dill
- 4 TL saure Sahne

1 Die Pilze mit Wasser bedeckt 30 Minuten ziehen lassen. Den Speck von Schwarte und Knorpeln befreien und kleinwürfeln. Das Fleisch abbrausen, trockentupfen und in 2 cm große Würfel schneiden. Dann die Zwiebeln schälen und kleinwürfeln. Den Knoblauch schälen. Die Kabanossi in dünne Scheiben schneiden. Das Sauerkraut grob zerkleinern.

Schritt 1

2 Das Schmalz in einem Topf zerlassen und den Speck darin anbraten. Das Fleisch hinzufügen und kurz mitbraten. Die Zwiebeln dazugeben und darin glasig werden lassen. Die Pilze ausdrücken (siehe Kochtip) und mit Kabanossi und Sauerkraut zum Fleisch geben. Alles mit Salz, Pfeffer, Kümmel, Majoran und Lorbeerblatt würzen. Knoblauch dazupressen.

Schritt 2

3 Dann die Brühe und den Wein angießen und das Tomatenmark unterrühren. Alle Zutaten sollten knapp mit Flüssigkeit bedeckt sein, gegebenfalls Wasser dazugießen. Den Eintopf zugedeckt 1 Stunde 15 Minuten garen und mit Zucker und Gewürzen abschmecken.

Schritt 3

4 Den Dill kalt abbrausen, trockenschütteln und die Spitzen abzupfen. Den Eintopf auf die Teller verteilen und mit saurer Sahne und Dillspitzen garniert servieren.

Zubereiten **35** Min.
Garen **1** Std. **15** Min.
Pro Portion: 545 kcal/2280 kJ; 43 g EW; 34 g F; 8 g KH

TYPISCH POLNISCH

Die Polen verstehen es, traditionellen Festen den richtigen kulinarischen Rahmen zu geben. Das Nationalgericht »Bigos« wird dann in der Festtagsversion auf den Tisch gebracht und ist besonders reichhaltig an den verschiedensten Fleisch- und Wurstsorten sowie Wein. Dazu serviert man eine Auswahl an Salaten und Brot.

KOCHTIP

- Die eingeweichten Pilze nur leicht ausdrücken, bevor sie in den Topf kommen. Das Einweichwasser filtern und nach Belieben mitverwenden.
- Am besten schmeckt der Eintopf, wenn man ihn am Vortag zubereitet und am nächsten Tag nur noch aufwärmt. Denn so kann er über Nacht gut durchziehen.

SERVIERTIP

Traditionsgemäß serviert man in Polen zu diesem deftigen Festtagseintopf ein dunkles knuspriges Bauernbrot.

Nach dem Essen ein kleines Gläschen gekühlten Wodka mit 2 EL Johannisbeersaft servieren.

SERVIERTIP Davor munden gefüllte Kohlrouladen mit roten Zwiebeln, Kroketten und Möhrengemüse.

Eine heiße Schokolade, eine erfrischende Apfelsaftschorle oder Sherry schmeckt gut dazu.

GUNDEL PALATSCHINKEN

UNGARN

Dünne Pfannkuchen werden mit marinierten Rumsultaninen und Walnüssen fein gefüllt und mit Schokoladensauce serviert. Eine üppige Nachspeise für ganz besondere Gelegenheiten.

ZUTATEN
(Für 4 Portionen)

FÜR DIE FÜLLUNG
- 25 g Sultaninen
- 10 g Orangeat
- 4 EL Rum
- 6 EL Schlagsahne
- 100 g gemahlene Walnußkerne
- 4 EL Zucker
- 1 Prise gemahlener Zimt

FÜR DEN TEIG
- 100 g Mehl
- 1 Prise Salz, 1 TL Zucker
- 2 Eier
- ¼ l Milch
- 1 EL Mineralwasser

FÜR DIE SAUCE
- 100 g Vollmilchschokolade
- 100 g Crème fraîche
- 2 EL Rum

AUSSERDEM
- 2 EL Butterschmalz
- ½ unbehandelte Orange

1 Die Sultaninen und das Orangeat mit einem Messer fein zerkleinern, in einer Schüssel mit dem Rum beträufeln und zugedeckt darin 2 Stunden marinieren.

Schritt 1

2 Die Sahne in einem Topf zum Kochen bringen. Dann Walnüsse mit Zucker, Zimt und Sultaninenmasse mit Marinierflüssigkeit dazugeben. Alles unter Rühren etwa 1 Minute aufkochen, dann etwas abkühlen lassen.

Schritt 2

3 Das Mehl mit Salz, Zucker, Eiern und 4 EL Milch glattrühren. Dann die übrige Milch und das Mineralwasser unterrühren. 1 TL Schmalz in einer Pfanne erhitzen und nacheinander bei mittlerer Hitze 8 Pfannkuchen darin backen, dazwischen immer wieder 1 TL Schmalz in der Pfanne zerlassen. Die fertigen Pfannkuchen warm halten.

4 Die Schokolade hacken. Crème fraîche in einem Topf erhitzen, Schokolade darin unter Rühren schmelzen lassen und den Rum unterrühren. Die Schale der Orangenhälfte heiß waschen, trockenreiben und mit einem Zestenreißer abziehen. Pfannkuchen jeweils mit etwas Füllung bestreichen, aufrollen und auf einer Platte anrichten. Mit Sauce übergießen und mit Orangenzesten garnieren.

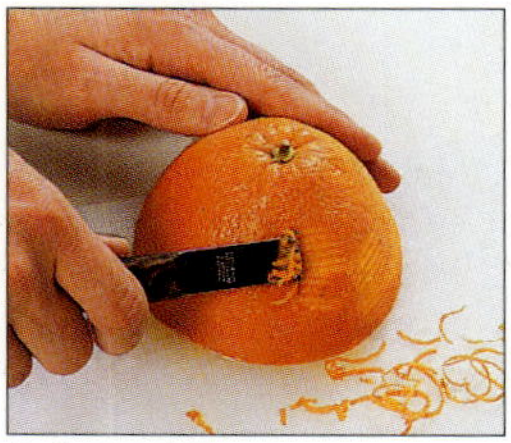

Schritt 4

Marinieren 2 Std.
Zubereiten 40 Min.
Pro Portion: 760 kcal/3180 kJ; 15 g EW; 46 g F; 55 g KH

TYPISCH UNGARISCH

Der berühmte ungarische Koch Károly Gundel hat sich mit seinen kulinarischen Kreationen einen Namen gemacht. Von 1927-1948 leitete er das Restaurant des legendären Hotels Gellért in Budapest, wo er seine Gäste mit besonderen pikanten wie süßen Speisen verwöhnte.

SIEBENBÜRGER ENTE AUF GEMÜSE

RUMÄNIEN

Ente einmal anders: Die Geflügelteile schmoren sanft im Bräter auf einem Gemüse-Mix aus Kohl, Paprika und Fenchel – ein feines und unkompliziertes Essen für eine gemütliche Runde.

ZUTATEN
(Für 4 Portionen)

- 1 Ente (etwa 2 kg)
- Salz, schwarzer Pfeffer
- 1 TL getrockneter Majoran
- 3 Zwiebeln
- 3 Knoblauchzehen
- 1 Fenchelknolle
- 1 rote Paprikaschote
- 700 g Weißkohl
- 75 g durchwachsener Räucherspeck
- 1 EL Öl
- 1 TL getrockneter Thymian
- 1 TL Fenchelsamen (siehe Zutatentip)
- 100 ml Gemüsebrühe

ZUTATENTIP

Fenchel bekommen Sie als ganze Samen im Reformhaus, Naturkostladen oder an Gewürzständen auf Obst- und Gemüsemärkten.

1 Die Ente innen und außen kalt waschen, trockentupfen und in 4 Stücke teilen. Mit Salz, Pfeffer und Majoran einreiben. Dann die Zwiebeln schälen und grob zerkleinern. Den Knoblauch schälen und fein würfeln. Die Fenchelknolle waschen, putzen, längs halbieren und in dünne Scheiben schneiden.

Schritt 1

2 Die Paprikaschote putzen, waschen und in Streifen schneiden. Dann den Kohl vom Strunk befreien und ebenfalls in Streifen schneiden. Den Räucherspeck von Schwarte und Knorpeln befreien und kleinwürfeln.

Schritt 2

3 Das Öl in einem Bräter erhitzen, den Speck darin knusprig braten und herausnehmen. Die Ententeile im gleichen Fett knusprig anbraten und herausnehmen. Das Bratfett bis auf 4 EL abgießen (siehe Kochtip). Den Backofen auf 200 °C vorheizen.

4 Die Zwiebeln und den Knoblauch im Fett glasig werden lassen. Gemüse dazugeben und 5 Minuten mitdünsten. Gemüse mit Salz, Pfeffer, Thymian und Fenchel (siehe Kochtip) würzen. Speck untermischen. Ententeile auf das Gemüse legen und Brühe angießen. Den Bräter mit dem Deckel verschließen. Alles im Ofen (Gas 3; Umluft 180 °C) 1 Stunde garen.

Schritt 4

Zubereiten **45** Min. Garen **1** Std.
Pro Portion: 665 kcal/2783 kJ;
45 g EW; 46 g F; 18 g KH

TYPISCH SIEBENBÜRGEN

Feste feiern heißt für die Siebenbürger gut essen, tanzen und fröhlich sein. Für Musik sorgt meistens eine Blaskapelle. Zu essen gibt es verschiedene Fleisch- und Geflügelspezialitäten, und nachmittags werden Kaffee und Kuchen aufgetischt. Am Rande gibt es immer Gelegenheit für ein ruhiges Schwätzchen.

KOCHTIP

• Das ausgelassene Entenfett in ein Glas gießen, auskühlen lassen und gut verschließen. Wenn Sie damit Sauerkraut zubereiten, bekommt es eine feine Note.

• Die Fenchelsamen am besten vorher in einem Mörser mit einem Stößel zerstoßen. So kann das Gewürz sein typisches Aroma besonders gut entfalten.

SERVIERTIP

Als gelungenen Abschluß ein Milchreis-Zimt-Dessert mit Schokoladensauce und Löffelbiskuits servieren.

Das ideale Getränk als Begleitung zur Ente ist ein kräftiger rumänischer Rotwein.

Russische Quarkspeise »Pascha«

Russland

Die gestürzte russische Quarkcreme ist eine schöne Idee für ein feierliches Osterfrühstück. Quark, Butter, Eigelbe und kandierte Früchte machen die »Pascha« zu einem gehaltvollen Genuß.

Zutaten
(Für 8 Portionen)

- 1 kg Magerquark
- 200 g kandierte Früchte (siehe Zutatentip)
- 25 g Zitronat und Orangeat
- 170 g weiche Butter
- 175 g Schlagsahne
- 3 Eigelbe
- 150 g Zucker
- 1 Pck. Vanillezucker
- 40 g gehackte Mandeln

AUSSERDEM

- 1 Mulltuch

Zutatentip

Eine große Auswahl an kandierten Früchten erhalten Sie in speziellen Fruchthäusern oder im Feinkosthandel. Für diese Quarkspeise sind alle Früchte geeignet, wie zum Beispiel Kirschen, Pfirsiche, Ananas und Orangen.

1 Den Quark in ein Mulltuch wickeln und darin gut ausdrücken. Dann durch ein Haarsieb streichen. 50 g kandierte Früchte mit Zitronat und Orangeat kleinschneiden. Die Butter mit einem Schneebesen cremig rühren und unter den Quark mischen.

Schritt 1

2 Die Sahne in einem Topf zum Kochen bringen und den Topf von der Herdplatte ziehen. Die Eigelbe mit Zucker und Vanillezucker cremig rühren, nach und nach in die heiße Sahne einrühren und die Mischung unter Rühren so lange erhitzen, bis eine dickliche Masse entstanden ist.

Schritt 3

3 Die Masse in eine Metallschüssel füllen und über einem kalten Wasserbad unter Rühren erkalten lassen. Dann Orangeat, Zitronat, kandierte Früchte, Quark und Mandeln unterrühren. Eine Schüssel (siehe Kochtip) mit einem Mulltuch so auslegen, daß es am Rand etwa 15 cm überhängt.

Schritt 4

4 Die Quarkmasse in die Schüssel geben, mit dem Mulltuch bedecken, 8 Stunden kühl stellen und dabei festwerden lassen. Die Quarkspeise auf einen Teller stürzen, das Mulltuch entfernen und die Pascha mit den übrigen kandierten Früchten garnieren.

Zubereiten **1** Std. **20** Min.
Kühlen **8** Std.
Pro Portion: 470 kcal/1967 kJ; 19 g EW; 28 g F; 36 g KH

Typisch russisch

Ostern ist das höchste Fest der russisch-orthodoxen Kirche. Die traditionellen Osterspeisen, wie die Pascha und der Osterkuchen, werden am Karsamstag auf Tischen in den Kirchhöfen aufgebaut und von Popen feierlich gesegnet, so will es der alte Brauch. Höhepunkt ist die mitternächtliche Messe mit Kerzenprozession.

Kochtip

- Sie können die Quarkspeise auch in jeder anderen Schale zubereiten. Besonders schön anzusehen ist die Süßspeise, wenn sie in eine pyramiden- oder eine herzförmige Form gefüllt wurde.
- Die Quarkcreme läßt sich auch gut vorbereiten. Im Kühlschrank aufbewahrt, hält sie sich etwa 2 Tage.

Serviertip

Als Hauptspeise sind »Pelmeni«, mit Pilzen, Kalbsleber und Zwiebel gefüllte russische Ravioli, zu empfehlen.

Bieten Sie doch stilecht einen gut gekühlten Sekt von der Krim (Krimskoje) oder Tee dazu an.

*K*ARPFEN 3 x ANDERS

Ob Weihnachten oder Silvester, in vielen Ländern der Erde hat der Karpfen seine Tradition und gilt als Glücksbringer.

KARPFEN IN FOLIE

Zubereiten **15** Min. Garen **30** Min.

CHINA

(FÜR 4 PORTIONEN)

- **1 Karpfen (1,4 kg; küchenfertig und geschuppt)**
- **2 EL Butter**
- **4 Frühlingszwiebeln**
- **2 cm frische Ingwerwurzel**
- **2 Knoblauchzehen**
- **1 EL Öl, 3 EL Reiswein**
- **1 EL Reisessig**
- **200 ml Geflügelbrühe**
- **5 EL Sojasauce**
- **½ TL Sambal Oelek**
- **½ TL brauner Zucker**

AUSSERDEM

- **Aluminiumfolie**

1 Karpfen waschen. Backofen auf 180 °C vorheizen. Butter in einem Topf zerlassen. Fisch damit bepinseln. Frühlingszwiebeln putzen, abbrausen, in Ringe schneiden und ⅔ davon mit dem Fisch in Aluminiumfolie einwickeln. Alles im Ofen (Gas 2; Umluft 160 °C) 25-30 Minuten garen.

2 Ingwer schälen, fein reiben. Knoblauch schälen, würfeln. Öl in einem Topf erhitzen und beides darin mit den restlichen Frühlingszwiebeln andünsten. Dann Wein, Essig, Brühe und Sojasauce dazugeben, kurz aufkochen lassen und mit Sambal Oelek und Zucker würzen.

3 Den Karpfen filetieren, mit Frühlingszwiebeln auf Tellern anrichten und die Sauce in einer Schale dazu reichen.

KARPFEN

Zubereiten **20** Min.

DEUTSCHLAND

(FÜR 4 PORTIONEN)

- **1 Karpfen (1,4 kg; küchenfertig, aber ungeschuppt)**
- **Salz**
- **220 ml Weißweinessig**
- **1 Zwiebel**
- **1 großer Bund Suppengrün**
- **⅛ l Weißwein**
- **2 Lorbeerblätter, 2 Nelken**
- **6 weiße Pfefferkörner**

AUSSERDEM

- **1 unbehandelte Zitrone**

1 Karpfen innen sowie außen waschen und innen salzen. 5 EL Essig in einem Topf erhitzen, Fisch damit übergießen.

BLAU

Garen **1** Std.

2 Zwiebel schälen und halbieren. Suppengrün putzen, waschen und in feine Streifen schneiden. Mit übrigem Essig, 2 l Wasser, Wein, Zwiebel und Gewürzen in einem Topf zum Kochen bringen. Alles 30 Minuten kochen und abkühlen lassen. Dann abgießen und dabei den Sud auffangen.

3 Sud in einen ovalen Topf gießen, Fisch hineinlegen und Sud zum Kochen bringen. Karpfen zugedeckt 30 Minuten darin gar ziehen lassen. Zitrone heiß waschen, trockenreiben und in Scheiben schneiden. Karpfen mit Zitrone und Suppengrün garniert servieren.

GEBACKENER KARPFEN

Zubereiten **1** Std. Garen **30** Min.

UNGARN

(FÜR 4 PORTIONEN)

- **750 g Karpfenfilet**
- **Salz, schwarzer Pfeffer**
- **abgeriebene Schale von ½ unbehandelten Zitrone**
- **1 EL edelsüßes Paprikapulver**
- **2 EL Mehl, 3 Tomaten**
- **1 rote Paprikaschote**
- **2 Gemüsezwiebeln**
- **5 EL Öl, 1 EL Tomatenmark**
- **100 ml Rotwein**

AUSSERDEM

- **Aluminiumfolie**
- **2 EL saure Sahne**

1 Karpfen waschen, trockentupfen und in 8 Portionen teilen. Mit Salz, Pfeffer, Zitronenschale und ½ EL Paprikapulver würzen. Fischstücke im Mehl wenden.

2 Tomaten kurz blanchieren, enthäuten und würfeln. Paprika putzen, waschen und in Streifen schneiden. Zwiebeln schälen und würfeln. Das Öl in einer Pfanne erhitzen. Fischstücke darin auf beiden Seiten anbraten, herausnehmen und in eine Auflaufform legen.

3 Backofen auf 200 °C vorheizen. Zwiebeln im Bratfett glasig werden lassen. Paprika, Tomaten, Tomatenmark und Wein dazugeben. Mit Salz, Pfeffer und übrigem Paprikapulver würzen. Alles etwa 2 Minuten kochen lassen.

4 Fisch mit Sauce begießen, mit Aluminiumfolie abdekken und im Ofen (Gas 3; Umluft 175 °C) 30 Minuten garen. Fisch mit saurer Sahne garniert auf Tellern servieren.

Riesengarnelen in Chilisauce

China

ZUTATEN
(Für 4 Portionen)

- 600 g rohe geschälte Riesengarnelenschwänze (siehe Kochtip)
- 2 EL helle Sojasauce
- 1 EL Erdnußöl

FÜR DIE SAUCE

- ½ TL Fünf-Gewürz-Pulver
- 1 EL brauner Zucker
- 75 ml Fleischbrühe
- 3 EL dunkle Sojasauce
- 3 EL Ketchup
- 2 EL Reiswein
- Salz, schwarzer Pfeffer

AUSSERDEM

- 1 EL Speisestärke
- 2 Frühlingszwiebeln
- 3 cm frische Ingwerwurzel
- Öl zum Fritieren
- 3 getrocknete rote Chilischoten
- 2 EL braunes Sesamöl

Beim herbstlichen Mondfest in China geht es immer hoch her. Eine der vielen Spezialitäten sind in Sojasauce marinierte und in Öl fritierte Riesengarnelen mit einer süßlichen Chilisauce.

1 Die Garnelenschwänze mit kaltem Wasser abbrausen und trockentupfen. Die helle Sojasauce mit dem Erdnußöl verquirlen, die Garnelen damit beträufeln und zugedeckt 10 Minuten im Kühlschrank marinieren lassen.

2 Alle Zutaten für die Sauce und 1 TL Speisestärke verquirlen. Mit Salz und Pfeffer würzen. Die Frühlingszwiebeln von Wurzeln und grünem Ende befreien, waschen und in Ringe schneiden. Den Ingwer schälen und in feine Streifen schneiden.

3 In einem Wok das Öl erhitzen. Die Chilis darin ½ Minute fritieren. Die Garnelen aus der Marinade nehmen, trockentupfen und mit übriger Speisestärke bestäuben. Dann zu den Chilis ins Öl geben, nach 2 Minuten herausnehmen und auf dem Wokgitter abtropfen lassen. Zum Schluß die Chilis herausnehmen und das Öl bis auf 4 EL abschöpfen.

4 Dann den Ingwer und die Frühlingszwiebeln etwa ½ Minute unter Rühren im Öl anbraten. Die Garnelen dazugeben und rundherum 1 Minute mitbraten. Die scharfe Sauce angießen und alles 1 Minute köcheln lassen. Dann die Garnelen mit Sauce und Sesamöl beträufelt auf Tellern anrichten und servieren.

Schritt 1

Schritt 2

Schritt 3

Zubereiten **35** Min.
Pro Portion: 280 kcal/1172 kJ;
18 g EW; 19 g F; 9 g KH

Typisch chinesisch

In China werden Feste meist mit farbenfrohen Umzügen gefeiert. Fantasievolle Drachenfiguren, bizarre Kostüme und furchterregende Masken ziehen die Zuschauer in ihren Bann. Und ist im Herbst der Vollmond am hellsten, dann feiert China das Mondfest mit scharfen Riesengarnelen und pikanten Mondkuchen.

KOCHTIP

Falls die Garnelen noch Därme haben, dann lassen sich diese folgendermaßen fachgerecht entfernen: Die Garnelenschwänze entlang der Rückenlinie mit einem kleinen spitzen Messer einritzen und den dunklen Darmfaden vorsichtig herausziehen. Dann die Garnelen kalt abbrausen und trockentupfen.

SERVIERTIP

Als gelungene Ergänzung zu den Riesengarnelen einen gebratenen Blattsalat mit Tofuwürfeln anbieten.

Als Getränk empfiehlt sich grüner Tee oder leicht gezuckerter Limettensaft.

SERVIERTIP Reichen Sie zu den Neujahrsblättern noch etwas helle Sojasauce und Sambal Oelek.

Ein ideales Getränk hierzu ist Mineralwasser mit Limettensaft und Limettenspalten.

GEFÜLLTE NEUJAHRSBLÄTTER »BANGKOK«

THAILAND

Dieser thailändische Festschmaus aus gehacktem Schweinefleisch, gerösteten Erdnüssen und einer cremigen Kokossauce wird auf originelle Weise in Chinakohlschiffchen serviert.

ZUTATEN
(Für 4 Portionen)

- 1 kleiner Chinakohl
- 5 Knoblauchzehen
- 5 Schalotten
- 100 g geröstete Erdnußkerne
- 9 rote Chilischoten
- 1 TL Garnelenpaste
- ½ l Kokosmilch (siehe Zutatentip)
- 500 g Schweinehackfleisch
- ½ Bund Koriander (siehe Zutatentip)
- 3 EL Fischsauce
- 6 EL Limettensaft
- 1 TL Zucker
- Salz

ZUTATENTIP

- Kokosmilch bekommen Sie in allen asiatischen Läden.
- Wenn Sie den Geschmack von Koriander nicht mögen, können Sie statt dessen auch Petersilie verwenden.

1 Den Chinakohl putzen, in die einzelnen Blätter zerteilen, waschen und trockentupfen. Den Knoblauch schälen und fein hacken. Die Schalotten schälen und kleinwürfeln. Die Erdnüsse im Mörser fein zermahlen. Dann die Chilischoten längs halbieren, von Stielansatz sowie Samensträngen befreien und waschen. Davon 5 Chilischoten in feine Ringe und die übrigen in feine Streifen schneiden.

Schritt 1

2 Den Knoblauch mit Garnelenpaste, Chiliringen und Schalotten mit dem Stabmixer fein pürieren. In einem Wok die Kokosmilch zum Kochen bringen und unter Rühren etwa 5 Minuten kochen lassen, bis sie cremig ist. Dann die Chili-Zwiebel-Paste unterrühren. Das Hackfleisch dazugeben und bei mittlerer Hitze unter Rühren 12-15 Minuten garen.

Schritt 2

3 Den Koriander abbrausen, gut trockenschütteln und bis auf einige Blättchen ohne grobe Stiele fein hacken. Die Erdnüsse zum Fleisch geben und weitere 3-4 Minuten köcheln lassen. Mit Fischsauce, Limettensaft, Zucker und Salz würzen und den gehackten Koriander unterheben. Dann die Hackfleischmasse in die Chinakohlblätter geben und mit Chilistreifen und Koriander garniert servieren.

Schritt 3

Zubereiten 25 Min. Garen 19 Min.
Pro Portion: 425 kcal/1778 kJ; 34 g EW; 27 g F; 11 g KH

TYPISCH THAILÄNDISCH

In Thailand beginnt das neue Jahr nicht im Januar, sondern im April. Dann feiert man dort »Songkran«, das Neujahrsfest. Bei diesen imposanten Feierlichkeiten werden Köstlichkeiten, wie frische Frühlingsrollen, gegrillter Fisch und die gefüllten Neujahrsblätter, angeboten.

RINDERFILET MIT KOKOSMILCH

INDONESIEN

Die knusprig gebratenen Rindfleischstreifen werden in einer scharfen Tomaten-Kokos-Sauce geschmort. Diese Speise serviert man in Indonesien gerne zu besonderen Familienfeiern.

ZUTATEN
(Für 4 Portionen)

- 500 g Rinderlende
- 3 Knoblauchzehen
- 1 EL Olivenöl
- 4 Schalotten
- 2 cm frische Ingwerwurzel
- ½ TL Garnelenpaste
- 1 EL gemahlene Erdnußkerne
- 3 EL Erdnußöl
- 2 TL Sambal Oelek
- ½ TL getrockneter Koriander
- ½ TL getrocknetes Zitronengras
- 2 EL dunkle Sojasauce
- ½ Dose gewürfelte Tomaten (etwa 200 g)
- 125 g Tiefkühl-Erbsen
- Salz, schwarzer Pfeffer
- ½ TL brauner Zucker
- 150 ml Kokosmilch

AUSSERDEM

- 2 Zweige Koriander

1 Das Fleisch abbrausen, trockentupfen, von Sehnen befreien und in dünne Streifen schneiden. Den Knoblauch schälen und fein hacken. 1 Knoblauchzehe mit dem Öl verrühren und mit dem Fleisch vermischen. Das Fleisch darin 30 Minuten marinieren.

Schritt 1

2 Die Schalotten schälen und würfeln. Den Ingwer schälen, reiben und mit übrigem Knoblauch, Schalotten, Garnelenpaste sowie Nüssen mit dem Stabmixer fein pürieren.

3 Den Koriander abbrausen, gut trockenschütteln und die Blättchen abzupfen. Das Erdnußöl in einer Pfanne erhitzen. Das Fleisch aus der Marinade nehmen und im heißen Öl unter Rühren etwa 3 Minuten anbraten, herausnehmen und warm halten.

Schritt 3

4 Die Schalottenmasse in die Pfanne geben und etwa ½ Minute rösten. Dann Sambal Oelek, getrockneten Koriander, Zitronengras, Sojasauce, Tomaten, Erbsen und 75 ml Wasser dazugeben. Alles zugedeckt 10 Minuten köcheln lassen. Mit Salz, Pfeffer und Zucker würzen. Kokosmilch und Fleisch dazugeben, kurz erhitzen und mit den Korianderblättchen garniert servieren (siehe Kochtip).

Schritt 4

Zubereiten **50** Min.
Pro Portion: 320 kcal/1339 kJ; 30 g EW; 18 g F; 9 g KH

TYPISCH INDONESISCH

Das Ende der Fastenzeit wird in Indonesien ganz besonders gefeiert. Die Familie trifft sich zum „Lebaran", den großen Feierlichkeiten, bei denen ausgiebigst gegessen und getrunken wird. Traditionelle scharf gewürzte Fleisch- und Reisspeisen werden dabei selbst zubereitet oder von den Gästen schon fertig mitgebracht.

Kochtip

Sehr dekorativ wirken auf dem Gericht auch Chilischoten, wenn sie blütenförmig eingeschnitten sind. Dafür Chilis waschen, trockentupfen und mit einem Messer von der Spitze zum Stielansatz hin mehrfach einschneiden. Kerne und Samenstränge entfernen und Chiliblüten zum »Aufgehen« in kaltes Wasser legen.

Serviertip

Pfannkuchen mit einer Füllung aus Kokosfleisch, Palmzucker, Zitronensaft und Zimt ist das richtige Dessert.

Ein kühles Bier oder ein Mixgetränk aus verschiedenen Fruchtsäften rundet das Essen ab.

KANADISCHE WEIHNACHTSPASTETE

KANADA

Unter dem knusprigen Blätterteig verbirgt sich eine festliche Überraschung: fein gewürztes Schweine- und Kalbfleisch, vermischt mit einer sahnigen Weinsauce und Apfelstückchen.

ZUTATEN

(Für 1 Auflaufform, 28 cm Ø)

- 300 g Tiefkühl-Blätterteig
- 30 g Butter, 30 g Mehl
- ¼ l Geflügelbrühe
- 2 kleine Lorbeerblätter
- 200 ml Weißwein
- 125 g Crème double
- Salz, schwarzer Pfeffer
- 1 Stange Sellerie
- 4 Schalotten
- 3 Knoblauchzehen
- 150 g Champignons
- 250 g Schweineschnitzel
- 250 g Kalbsschnitzel
- 1 säuerlicher Apfel (z. B. Boskoop)
- 2 EL Öl
- 1 TL getrockneter Thymian
- abgeriebene Schale und Saft von 1 Zitrone
- ½ TL gemahlener Zimt
- ½ TL gemahlener Piment
- ¼ TL geriebene Muskatnuß

AUSSERDEM

- Butter für die Form

1 Blätterteig auftauen lassen. Butter in einem Topf erhitzen und Mehl darin anschwitzen. Topf von der Herdplatte ziehen und Brühe unter Rühren angießen. Dann Lorbeerblätter und Wein dazugeben. Sauce unter Rühren etwa 3 Minuten kochen, dann leicht abkühlen lassen. Crème double unterrühren und alles mit Salz und Pfeffer würzen.

Schritt 1

2 Sellerie waschen, putzen und würfeln. Schalotten und Koblauch schälen und fein würfeln. Pilze putzen und in Scheiben schneiden. Fleisch abbrausen, trockentupfen und in feine Streifen schneiden. Apfel schälen, vierteln, entkernen und kleinwürfeln.

Schritt 3

3 Öl in einer Pfanne erhitzen. Schalotten, Knoblauch und Fleisch 5 Minuten darin anbraten. Mit Thymian, Zitronenschale, Zimt, Piment, Muskat, Salz und Pfeffer würzen. Dann Sellerie, Pilze und Apfel unterrühren und kurz mitgaren. Sauce und Zitronensaft unterrühren. Backofen auf 225 °C vorheizen.

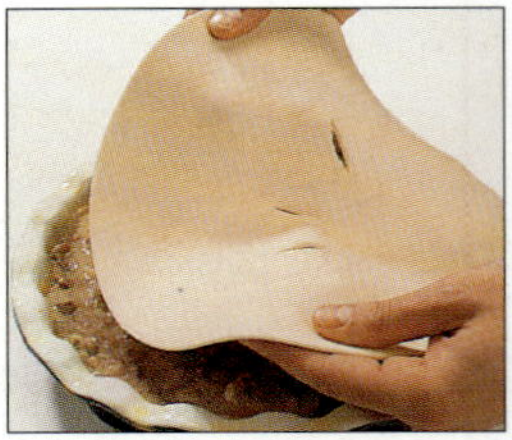

Schritt 4

4 Form ausfetten und Fleischmasse hineinfüllen. Teig ausrollen, einen Kreis ausschneiden (32 cm Ø) und Fleischmasse damit abdecken (siehe Kochtip). Pastete im Ofen (Gas 4; Umluft 200 °C) 25 Minuten backen.

Zubereiten **1** Std. Backen **25** Min.
Pro Portion (4 Portionen):
820 kcal/3431 kJ;
34 g EW; 52 g F; 40 g KH

TYPISCH KANADISCH

Wenn das Rathaus von Montreal in seinem weihnachtlichen Glanz erstrahlt, sind die Einwohner bereits mit Vorfreude auf das Festmenü erfüllt. Denn alle Jahre wieder kommt bei den Franco-Kanadiern die »Tourtière de Noël« auf den festlich gedeckten Tisch – eine Erinnerung an die französischen Vorfahren.

Kochtip

Beim Abdecken der Fleischmasse den Teig am Rand sehr gut festdrücken. Dann 3 kleine Schlitze in den Teigdeckel schneiden, damit der Dampf entweichen kann. Aus den Teigresten mit einem Messer oder einer speziellen Ausstechform stechpalmenförmige Blätter als Garnitur der Schlitze ausschneiden oder -stechen.

Serviertip

Als Nachtisch einen saftigen Kürbis-Orangen-Kuchen mit gerösteten Pinienkernen reichen.

Servieren Sie zum Essen entweder einen Wein aus der kanadischen Provinz Ontario oder Bier.

FEINER LACHSSALAT AUS HAWAII

USA

Der raffinierte Salat mit geräuchertem Lachs aus dem Urlaubsparadies Hawaii ist die richtige Wahl, wenn Freunde kommen. Das feinwürzige Dressing ergänzt den edlen Fischgeschmack.

ZUTATEN

(Für 4 Portionen)

FÜR DEN SALAT

- 250 g Räucherlachs am Stück (siehe Zutaten- und Kochtip)
- Salz, weißer Pfeffer
- 1½ EL Zitronensaft
- 2 Zweige Petersilie
- 400 g Cocktailtomaten
- 3 Frühlingszwiebeln
- ⅓ Kopf Eisbergsalat

FÜR DAS DRESSING

- 1 Prise Zucker
- 1 Msp. Senf
- 2 EL Limettensaft
- 1 EL Weißweinessig
- 4 EL Maiskeimöl

AUSSERDEM

- ½ unbehandelte Limette

ZUTATENTIP

Räucherlachs am Stück erhalten Sie im Fischgeschäft oder im Feinkostladen.

1 Den Lachs von der Haut befreien und fein würfeln (siehe Kochtip). Dann mit Pfeffer würzen und mit dem Zitronensaft beträufeln. Petersilie abbrausen, trockenschütteln, ohne grobe Stiele fein hacken und den Fisch damit bestreuen. Alles zugedeckt im Kühlschrank 30 Minuten marinieren lassen.

Schritt 1

2 Die Tomaten waschen, trockentupfen und halbieren. Mit Salz und Pfeffer würzen. Die Frühlingszwiebeln von Wurzeln und grünem Ende befreien, waschen und in Ringe schneiden. Den Eissalat abbrausen, trockenschleudern und in breite Streifen schneiden.

Schritt 2

3 Aus Zucker, Senf, Limettensaft, Essig und Öl ein Dressing anrühren. Mit Salz und Pfeffer würzen. Die Lachswürfel vorsichtig mit den Tomaten und den Frühlingszwiebeln in einer Schüssel mischen.

Schritt 3

4 Die Limettenhälfte heiß waschen, gut trockenreiben und in Scheiben schneiden. Den Blattsalat auf Teller verteilen. Dann den Lachssalat mit den Limettenscheiben darauf anrichten und mit Dressing beträufeln.

Zubereiten **45** Min.

Pro Portion: 235 kcal/983 kJ; 17 g EW; 16 g F; 6 g KH

TYPISCH HAWAII

Die traumhafte Insel im Stillen Ozean ist berühmt für ihre Feste mit viel Musik, bunten Blumen und köstlichem Essen. Wenn gefeiert wird, gibt es ein »Luau«, ein Festmahl. Dabei wird stets auch ein Lachssalat serviert. Damit dieser noch zarter wird, massiert man den ganzen Fisch vor der Verarbeitung zum Salat.

Kochtip

- Falls Sie den Lachs nur in Scheiben geschnitten bekommen, diese in Streifen schneiden, marinieren und mit Tomaten, Frühlingszwiebeln und Salat auf Tellern anrichten. Nicht vermischen, sonst zerfällt der Lachs.
- Das Fischfilet beim Würfeln gut nach Gräten untersuchen und vorhandene mit einer Pinzette entfernen.

Serviertip

Besonders attraktiv wirkt der Lachssalat, wenn er in einer halbierten, ausgehöhlten Ananas serviert wird.

Ein gut gekühlter Weißwein rundet den Geschmack dieses feinen Salates ab.

KÜRBISKUCHEN »THANKSGIVING«

USA

Gewürztes Kürbispüree wird mit braunem Zucker gesüßt und auf Mürbeteig gebacken. Der süße Kürbiskuchen – bei uns eher ungewöhnlich – ist in Amerika eine beliebte Herbstspezialität.

ZUTATEN

(Für 1 Springform, 26 cm Ø)

FÜR DEN TEIG

- 250 g Mehl, ¼ TL Salz
- 100 g kalte Butter

FÜR DIE FÜLLUNG

- 450 g Kürbisfruchtfleisch (siehe Zutatentip)
- 75 g Pekannußkerne
- 50 g Butter, 3 Eier
- 125 g brauner Zucker
- ½ TL gemahlener Zimt
- ¼ TL gemahlener Ingwer
- 1 Msp. gemahlene Nelke
- 1 Msp. geriebene Muskatnuß
- 1 Prise Salz
- 2 EL Speisestärke

AUSSERDEM

- Fett für die Form

ZUTATENTIP

Am besten einen Kürbis mit orangem Fruchtfleisch nehmen, wie z.B. Muskatkürbis.

1 Für den Teig das Mehl mit Salz mischen. Die Butter in Stücken dazugeben und mit dem Messer unter das Mehl hacken. Mit 7 EL Wasser zu einem Teig verkneten und zugedeckt 45 Minuten kühl stellen.

Schritt 1

2 Das Kürbisfruchtfleisch grob würfeln, mit ¼ l Wasser in einem Topf zum Kochen bringen und zugedeckt in etwa 15 Minuten weichgaren. Die Pekannußkerne grob hacken und in einer Pfanne ohne Fett rösten. Das Kürbisfleisch in ein Sieb abgießen, abtropfen lassen und mit dem Stabmixer fein pürieren.

Schritt 2

3 Den Backofen auf 225 °C vorheizen. Die Butter in einem Topf schmelzen, dann abkühlen lassen. Die Form ausfetten. Den Teig kreisförmig (32 cm Ø) ausrollen und die Form damit auskleiden. Die Eier trennen. Die Eigelbe mit dem Zucker cremig schlagen und Gewürze, Nüsse und Butter unterrühren.

4 Die Eiweiße mit Salz steif schlagen. Mit Speisestärke und Kürbispüree unter die Eigelbcreme heben. Die Masse auf dem Teig verteilen. Den Kuchen im Ofen (Gas 4; Umluft 200 °C) 30-35 Minuten backen. Dann herausnehmen, abkühlen lassen und vor dem Servieren etwa 2 Stunden kühl stellen.

Schritt 4

Kühlen **45** Min. Zubereiten **30** Min.
Backen **35** Min.
Pro Stück (12 Stücke):
290 kcal/1214 kJ;
5 g EW; 17 g F; 29 g KH

TYPISCH AMERIKANISCH

Am letzten Donnerstag im November feiert man in ganz Amerika »Thanksgiving«, das Erntedankfest. Seit dem Jahre 1789 ist dieser Tag ein Feiertag, an dem man mit Familie und Freunden üppig schlemmt. Zwei Dinge dürfen am reichgedeckten Tisch dabei auf keinen Fall fehlen: ein Truthahn und der Kürbiskuchen.

Kochtip

Verwenden Sie am besten einen speziellen Teigspatel zum Herausschaben des Teiges, damit vom zähflüssigen Teig möglichst wenig in der Rührschüssel hängen bleibt. Die Spatel haben einen Stiel und ein elastisches Oberteil aus Gummi, das sich an Schüsselwände anschmiegt und so auch kleinste Teigreste herausschabt.

Serviertip

Reichen Sie vor dem Kürbiskuchen panierte und knusprig gebackene Hähnchenflügel mit Tomatensauce.

Dazu paßt klassisch Kaffee mit viel Milch oder frischgepreßter Orangen- oder Grapefruitsaft.

SCHARFER GUMBO AUS LOUISIANA

USA

Der würzige Eintopf »Gumbo« stammt ursprünglich aus Afrika. Neben tropischen Okraschoten geben saftiges Hähnchenfleisch, gemischte Meeresfrüchte und pikante Gewürze den Ton an.

ZUTATEN
(Für 4 Portionen)

- 275 g gemischte Tiefkühl-Meeresfrüchte (siehe Zutatentip)
- 500 g Hähnchenbrustfilets
- Salz, schwarzer Pfeffer
- 2 EL Mehl, 2 Zwiebeln
- 3 Knoblauchzehen
- 2 Stangen Sellerie
- 2 grüne Paprikaschoten
- 300 g Okraschoten (siehe Kochtip)
- 5 EL Öl
- 250 g Tomatenpüree
- 500 ml Fischfond
- ¾ TL Cayennepfeffer
- ½ TL gemahlener Piment
- 1 TL getrockneter Thymian
- 1 unbehandelte Zitrone

ZUTATENTIP
Tiefkühl-Meeresfrüchte bekommen Sie in Supermärkten als Mischung aus Garnelen, Muscheln und Tintenfischen.

1 Die Meeresfrüchte in einem Sieb im Kühlschrank auftauen lassen. Das Fleisch kalt abbrausen, trockentupfen und in 4 cm große Stücke schneiden. Salzen und pfeffern und mit 1 EL Mehl bestäuben. Die Zwiebeln und den Knoblauch schälen und fein würfeln.

2 Den Sellerie waschen und putzen. Die Paprikaschoten halbieren, von Stielansatz sowie Samensträngen befreien, waschen und mit dem Sellerie in kleine Würfel schneiden. Die Okraschoten waschen, putzen und in 1 cm breite Ringe schneiden (siehe Kochtip).

3 Das Öl in einem großen Topf erhitzen. Das Fleisch darin anbraten und herausnehmen. Dann Zwiebeln, Knoblauch, Sellerie und Paprikaschoten im Öl kurz anbraten und mit dem übrigen Mehl vermischen. Fleisch, Tomatenpüree, Fond und Okraschoten dazugeben. Mit Cayennepfeffer, Piment, Thymian, Salz und Pfeffer würzen. Dann alle Zutaten zugedeckt etwa 35 Minuten garen lassen.

4 Nach 25 Minuten Garzeit die aufgetauten Meeresfrüchte dazugeben und mitgaren lassen. Die Zitrone heiß waschen, trockenreiben und in Spalten schneiden. Den Eintopf mit Zitronenspalten garniert servieren.

Schritt 1

Schritt 2

Schritt 3

Zubereiten 30 Min. Garen 35 Min.
Pro Portion: 235 kcal/983 kJ;
42 g EW; 3 g F; 10 g KH

TYPISCH LOUISIANA
»Mardi gras« ist der Höhepunkt des Karnevals in Louisiana. An diesem Tag dreht sich alles nur um farbenfrohe Umzüge, rhythmische Musik, erfrischende Getränke und höllisch-scharfe Speisen. Als kleine kulinarische Stärkung für zwischendurch ist der herzhafte »Gumbo« mit Gemüse und Fleisch besonders beliebt.

KOCHTIP

- Beim Zerkleinern der Okraschoten tritt ein weißer zähflüssiger Saft aus. Das ist jedoch ganz typisch für dieses Gemüse und verleiht dem Eintopf Bindung.
- Wenn Sie Okraschoten aus der Dose verwenden, diese vorher in einem Sieb gut abtropfen lassen und erst dann in 1 cm breite Ringe schneiden.

SERVIERTIP

Eine beliebte Beilage zum scharfen Eintopf sind knusprig gebratene Eierküchlein mit ganzen Maiskörnern.

Das passende Getränk ist ein Weißwein, etwa ein fruchtiger Chardonnay aus Kalifornien.

PUTE MIT PIKANTER SCHOKOLADENSAUCE

MEXIKO

Chilis, Nüsse und Gewürze machen dieses Putengericht zum kulinarischen Höhepunkt vieler Fiestas. Die feine Zartbitterschokolade gibt der pikanten Sauce ihre ganz besondere Note.

ZUTATEN

(Für 4 Portionen)

FÜR DIE PUTE

- 1,5 kg Puten-Teilstücke aus der Keule mit Haut und Knochen
- Salz, schwarzer Pfeffer
- Cayennepfeffer
- 3 EL Öl, ½ l Geflügelbrühe

FÜR DIE SAUCE

- 4 getrocknete Chilischoten
- 3 EL Limettensaft
- 1 EL Olivenöl, 2 Zwiebeln
- 3 Knoblauchzehen
- 4 EL Sesamsamen
- je 50 g gemahlene Walnußkerne und Mandeln
- 1 kleine Banane
- 1 Scheibe Toastbrot
- 1 EL Schmalz
- 2 Msp. gemahlene Nelke
- 1 TL gemahlener Zimt
- 1 TL getrockneter Oregano
- ½ Dose gewürfelte Tomaten (etwa 200 g)
- 50 g Zartbitterschokolade

1 Fleisch abbrausen, trockentupfen und mit Salz, Pfeffer und Cayennepfeffer würzen. Öl in einem Topf erhitzen und das Fleisch 5 Minuten anbraten. Dann die Geflügelbrühe angießen, alles etwa 1 Stunde weitergaren.

Schritt 1

2 Chilis von Stielansatz und Samensträngen befreien (siehe Kochtip) und in einer Pfanne ohne Fett kurz rösten. Pfanne vom Herd nehmen, 100 ml Wasser angießen, die Chilis 30 Minuten ziehen lassen, dann herausnehmen und die Flüssigkeit mit Limettensaft und Olivenöl verrühren.

3 Zwiebeln und Knoblauch schälen und würfeln. Sesamsamen und Nüsse in einer Pfanne ohne Fett rösten. Banane schälen und in Scheiben schneiden. Toastbrot würfeln. Schmalz in einer Pfanne erhitzen. Zwiebeln und Knoblauch darin glasig werden lassen und Gewürze sowie Oregano untermischen. Brot, Banane, Chiliöl, Sesammasse, Tomaten und ⅛ l Bratflüssigkeit dazugeben. Dann die Sauce weitere 25 Minuten köcheln lassen.

Schritt 3

4 Sauce mit dem Stabmixer fein pürieren. Schokolade raspeln, zur Sauce geben und darin schmelzen lassen. Die Putenstücke mit der Schokoladensauce auf Tellern servieren.

Schritt 4

Zubereiten 2 Std.

Pro Portion: 830 kcal/3473 kJ; 61 g EW; 56 g F; 21 g KH

TYPISCH MEXIKANISCH

Das Gericht »Mole Poblano«, Pute mit pikanter Schokoladensauce, entstand im 16. Jahrhundert in einem Kloster. Beim plötzlichen Besuch des Erzbischofs fügten die Nonnen alles Gute, was in der Küche zu finden war, zu diesem Mahl zusammen. Und noch heute wird es zu Feierlichkeiten, wie einer Hochzeit, serviert.

Kochtip

- Nach dem Entfernen der Samenstränge sofort die Hände waschen und keinesfalls in den Augen reiben, denn die ätherischen Öle der Chili brennen stark.
- Das Putengericht kann schon am Vortag zubereitet und über Nacht kühl gestellt werden. Bevor die Gäste kommen, das Gericht langsam im Bräter erwärmen.

Serviertip

Als landestypisches Dessert fritiertes Spritzgebäck »Churros«, das in viel Zucker gewälzt wird, servieren.

Verwöhnen Sie Ihre Gäste mit gut gekühltem mexikanischem Bier oder Eiswasser.

SERVIERTIP Zum Braten passen mit Reis und Gemüse gefüllte rote und gelbe Paprikaschoten.

Zum Essen einen kräftigen südamerikanischen Rotwein oder Eiswasser reichen.

VENEZOLANISCHER RINDERBRATEN

VENEZUELA

ZUTATEN
(Für 6 Portionen)

- 75 g fetter Speck (siehe Zutatentip)
- ½ TL edelsüßes Paprikapulver
- 1 kg Rinderschmorbraten (aus der Keule)
- 1½ EL eingelegte Kapern
- 1 Knoblauchzehe
- 1 EL Weißweinessig
- Salz, schwarzer Pfeffer
- ½ EL brauner Zucker
- 3 EL Olivenöl
- 2 Zwiebeln
- ¼ l Fleischbrühe

AUSSERDEM

- Spicknadel
- 3 Zweige Petersilie

ZUTATENTIP
Der Speck sollte zum Spicken möglichst fest sein. Lassen Sie ihn am besten bereits vom Metzger in etwa 4 mm dicke Scheiben schneiden.

Eingelegte Kapern und gewürzter Speck verleihen dem Fleisch Geschmack und Saftigkeit. Von dem gespickten Braten läßt sich bestimmt jeder Gast gerne eine zweite Scheibe abschneiden.

1 Den Speck in ½ cm breite Streifen schneiden und mit Paprikapulver bestäuben. Den Braten abwaschen und trockentupfen. Mit einer Spicknadel den Speck quer zur Faser durch das Fleisch ziehen. Die Kapern in einem Sieb abtropfen lassen und zu den Speckstreifen in das Fleisch drücken.

2 Den Knoblauch schälen, in eine Schale pressen, mit dem Essig verrühren und mit Salz und Pfeffer würzen. Das Fleisch mit der Essigmischung bepinseln und über Nacht zugedeckt im Kühlschrank marinieren lassen.

3 Am nächsten Tag den Braten rundherum mit Zucker bestreuen. Das Öl in einem Bräter erhitzen. Den Braten darin rundherum knusprig anbraten. Die Zwiebeln schälen, würfeln und kurz mitbraten. Die Brühe angießen. Den Braten zugedeckt bei schwacher Hitze 1 Stunde 30 Minuten schmoren lassen.

4 Die Petersilie abbrausen, trockenschütteln und die Blättchen abzupfen. Das Fleisch herausnehmen und warm halten. Die Sauce bei starker Hitze 5 Minuten einkochen lassen. Mit Salz und Pfeffer abschmecken. Dann den Braten in Scheiben schneiden und mit Sauce und Petersilie garniert servieren.

Schritt 1

Schritt 2

Schritt 3

Zubereiten **45** Min.
Marinieren **12** Std.
Garen **1** Std. **30** Min
Pro Portion: 350 kcal/1465 kJ; 37 g EW; 21 g F; 3 g KH

TYPISCH VENEZUELA
In dem klimatisch vielfältigen Land wachsen ganz unterschiedliche landwirtschaftliche Produkte: Im tropischen Tiefland werden Kaffee, Reis, Früchte und Kakao angebaut. Die Landwirtschaft des Hochlands dagegen wird von Gemüseanbau und Viehzucht bestimmt.

GEFÜLLTER KÜRBIS »CARBONADA CRIOLLA«

ARGENTINIEN

Das süßliche Kürbisfleisch harmoniert hervorragend mit der pikanten Füllung aus Fleisch, Kartoffeln, Mais und Pfirsichen – in der Kürbisschale serviert ein Genuß für Auge wie Gaumen.

ZUTATEN
(Für 6 Portionen)

FÜR DEN KÜRBIS

- 1 Kürbis (etwa 7 kg, etwa 25 cm Ø)
- 50 g Butter
- 50 g Zucker

FÜR DIE FÜLLUNG

- 750 g Rindfleisch aus der Hochrippe
- 1 große Zwiebel
- 2 Knoblauchzehen
- 1 grüne Paprikaschote
- 3 EL Öl
- 450 ml Fleischbrühe
- 250 g gewürfelte Tomaten (aus der Dose)
- 1 Lorbeerblatt
- Salz, schwarzer Pfeffer
- 1 TL getrockneter Oregano
- 750 g festkochende Kartoffeln
- 1 Dose Maiskörner (150 g)
- 6 Pfirsichhälften (aus der Dose)

1 Den Backofen auf 200 °C vorheizen. Den Kürbis waschen, dabei außen gründlich abbürsten. An der Oberseite einen Deckel abschneiden (siehe Kochtip). Dann Kerne und Fasern herauslösen. Butter in einem Topf zerlassen, das Kürbisinnere damit bepinseln und mit Zucker ausstreuen (siehe Kochtip). Den Deckel daraufsetzen. Kürbis auf einem Blech im heißen Ofen (Gas 3; Umluft 180 °C) auf der unteren Schiene 45 Minuten backen.

Schritt 1

2 Fleisch waschen, trockentupfen und grob würfeln. Zwiebel und Knoblauch schälen und fein würfeln. Paprika putzen, waschen und zerkleinern. Öl in einem Bräter erhitzen, Fleisch darin kräftig anbraten, dann herausnehmen. Knoblauch, Zwiebel und Paprika in dem Öl 5 Minuten braten. Fleischbrühe mit Tomaten, Fleisch und Lorbeerblatt dazugeben. Mit Salz, Pfeffer und Oregano würzen. Alles zugedeckt 40 Minuten schmoren lassen.

Schritt 2

3 Kartoffeln schälen, grob würfeln, nach 15 Minuten zum Fleisch geben und noch 25 Minuten mitgaren. Pfirsiche und Mais abtropfen lassen. Pfirsiche kleinwürfeln und mit Mais zu der Fleischmischung geben. Masse in den Kürbis füllen und weitere 15 Minuten im Ofen garen. Im Kürbis servieren.

Schritt 3

Zubereiten 2 Std.

Pro Portion: 520 kcal/2176 kJ; 31 g EW; 24 g F; 45 g KH

TYPISCH ARGENTINISCH

Die bunt gestrichenen Fassaden und die vielen Straßenkünstler sind typisch für den Stadtteil »La Boca« in Buenos Aires. Hier entstand Ende des letzten Jahrhunderts auch der berühmte ausdrucksstarke »Tango argentino«. Dieser darf bei festlichen Anlässen genauso wenig fehlen wie typische Speisen aus Gemüse und Fleisch.

KOCHTIP

- Das Abtrennen des Kürbisdeckels kostet Kraft. Am besten funktioniert es mit einer stabilen kleinen Säge oder mit einem schweren Brotmesser.
- Beim Ausstreuen des Kürbisses mit Zucker diesen mit beiden Händen hin und her schwenken, damit sich der Zucker überall relativ gleichmäßig verteilt.

SERVIERTIP

Knackige Blattsalate der Saison mit einer klassischen Kräutervinaigrette schmecken gut zum gefüllten Kürbis.

Als Getränk bietet sich ein landestypischer trockener Rotwein oder ein Bier an.

FETTGEBACKENES 3 x ANDERS

Karneval oder Kirchweih – wenn fröhlich und ausgelassen gefeiert wird, ist Fettgebackenes meist mit von der Partie.

BERLINER PFANNKUCHEN

Zubereiten **35** Min. Gehen **2** Std. **30** Min. Fritieren **5** Min.

DEUTSCHLAND

(FÜR 10 STÜCK)
- ⅛ l Milch, 500 g Mehl
- 1 Pck. Trockenhefe
- 70 g Zucker, 1 Prise Salz
- abgeriebene Schale von ½ unbehandelten Zitrone
- 75 g Butter
- 2 Eier, 2 EL Rum
- 200 g beliebige Konfitüre

AUSSERDEM
- Mehl zum Bearbeiten
- 1 kg Butterschmalz zum Ausbacken
- 4 EL Zucker

1 Milch in einem Topf leicht erwärmen. Mehl mit Hefe, Zucker, Salz und Zitrusschale mischen. Dann Milch, Butter, Eier und Rum unterkneten und 5 Minuten durchkneten. Teig zugedeckt bei Zimmertemperatur 2 Stunden gehen lassen.

2 Teig auf bemehlter Fläche rechteckig (37 x 30 cm) ausrollen. 20 Kreise (7 cm Ø) ausstechen. Auf 10 Kreise je 1 TL Konfitüre geben und jeweils mit 1 Teigkreis bedekken. Ränder gut festdrücken.

3 Berliner zugedeckt 30 Minuten gehen lassen. Schmalz in einem hohen Topf erhitzen. Berliner darin portionsweise etwa 5 Minuten backen, dabei mehrmals wenden. Dann auf Küchenpapier abtropfen lassen und in Zucker wälzen.

SÜSSE

Zubereiten **35** Mi

ITALIEN

(FÜR 20 STÜCK)
- 300 g Tiefkühl-Blätterteig
- 150 g Ricotta
- 50 g kandierte Früchte
- 1 EL gehackte Mandeln
- 1 TL Tresterschnaps

AUSSERDEM
- Mehl zum Bearbeiten
- 1 l Öl zum Fritieren
- 1 EL Puderzucker

1 Teig auftauen. Ricotta in einem Sieb abtropfen lassen. Früchte zerkleinern, mit Mandeln und Schnaps mischen und 5 Minuten ziehen lassen.

BADISCHE KILBIKÜCHLE

Zubereiten **35** Min. Kühlen **30** Min. Fritieren **1** Min.

DEUTSCHLAND

(FÜR 24 STÜCK)
- 200 g Mehl
- 1 TL Backpulver
- 50 g Zucker
- 1 Pck. Vanillezucker
- abgeriebene Schale von ½ unbehandelten Zitrone
- 1 Prise Salz, 2 Eigelbe
- 3 EL saure Sahne
- 75 g Butter

AUSSERDEM
- Mehl zum Bearbeiten
- 1 kg Butterschmalz zum Ausbacken
- 2 EL Puderzucker

1 Mehl mit Backpulver, Zucker, Vanillezucker, Zitronenschale und Salz mischen. Mit Eigelben, Sahne und Butter zu einem Teig verkneten. Zugedeckt 30 Minuten kühl stellen.

2 Teig auf bemehlter Fläche rechteckig (40 x 24 cm) ausrollen. Mit einem gezackten Teigrädchen Rauten mit 5 cm Seitenlänge ausschneiden.

3 Schmalz in einer hohen Pfanne erhitzen. Gebäck darin portionsweise auf jeder Seite etwa ½ Minute knusprig ausbacken. Auf Küchenpapier abtropfen lassen und mit Puderzucker bestäubt servieren.

RAVIOLI

ritieren **3** Min.

2 Früchtemasse unter den Ricotta ziehen. Teigplatten aufeinanderlegen, auf einer bemehlten Fläche rechteckig (40 x 25 cm) ausrollen und 40 Quadrate (5 x 5 cm) ausschneiden. Auf die Hälfte der Teigquadrate je 1 TL Ricottamasse geben und jeweils mit 1 Quadrat bedecken. Ränder mit einer Gabel festdrücken.

3 Öl in einem hohen Topf erhitzen. Ravioli darin etwa 3 Minuten fritieren, dabei mehrmals wenden. Auf Küchenpapier gut abtropfen lassen und mit Puderzucker bestäubt noch heiß sofort servieren.

Hähncheneintopf mit Yamswurzel

GHANA

Wer Erdnüsse mag, sollte diesen Hähncheneintopf probieren. Die Erdnußbutter verleiht der sämigen Sauce ihre nussige Geschmacksnote und harmoniert bestens mit der Yamswurzel.

ZUTATEN

(Für 4 Portionen)

- 1 Hähnchen (etwa 1,5 kg)
- Salz, schwarzer Pfeffer
- 2 Zwiebeln
- 500 g Yamswurzel (siehe Zutatentip)
- 250 g Möhren
- 1 rote Chilischote
- 3 EL Erdnußöl
- 1 Dose gewürfelte Tomaten (etwa 400 g)
- 3 Lorbeerblätter
- 200 g weiche Erdnußbutter

AUSSERDEM

- 2 EL geröstete Erdnußkerne

Zutatentip

Yamswurzel ist eine kohlenhydratreiche Knolle, die bei uns nur schwer erhältlich ist. Als Ersatz 500 g festkochende Kartoffeln verwenden.

1 Das Hähnchen innen und außen gründlich mit kaltem Wasser waschen, mit Küchenpapier trockentupfen und mit einem großen scharfen Messer in 8 Portionen teilen. Dann mit Salz und Pfeffer würzen.

2 Die Zwiebeln schälen und würfeln. Die Yamswurzel und die Möhren waschen, putzen, schälen und in ½ cm dicke Scheiben schneiden. Die Chilischote längs halbieren, von Stielansatz und Samensträngen befreien, waschen und in Streifen schneiden.

3 Das Öl in einem Bräter erhitzen und die Hähnchenteile darin rundherum anbraten. Die Zwiebeln dazugeben und 1 Minute mitbraten. Dann Yamswurzel mit Möhren, Chili (siehe Kochtip), Tomaten, Lorbeerblätter und 300 ml Wasser dazugeben. Salzen und pfeffern. Alles zum Kochen bringen und bei mittlerer Hitze etwa 45 Minuten garen.

4 Nach 30 Minuten Garzeit 6 EL Bratenflüssigkeit in eine Schale geben und mit der Erdnußbutter verrühren. Dann zum Huhn geben und 15 Minuten mitkochen lassen. Zum Schluß den Eintopf mit Salz und Pfeffer abschmecken und mit den gerösteten Erdnußkernen bestreut servieren.

Schritt 1

Schritt 2

Schritt 3

Zubereiten **40** Min.
Garen **45** Min.
Pro Portion: 885 kcal/3703 kJ; 55 g EW; 56 g F; 40 g KH

Typisch ghanaisch

In den meisten Teilen Westafrikas lebt man in einer ruhigeren Gangart als in Europa. Das ist bei den dort herrschenden hohen Temperaturen nicht weiter verwunderlich. Sehr gut an das Klima angepaßt ist die Yamswurzel. Sie zählt zu den wichtigsten Nahrungsmitteln und wird püriert, gebraten oder gekocht gegessen.

Kochtip

Die Schärfe des Gerichts können Sie folgendermaßen selbst bestimmen: Möchten Sie den Eintopf nur mäßig scharf genießen, dann geben Sie die Chilistreifen erst zum Schluß zusammen mit der Erdnußbutter dazu. Ein sehr mildes Essen bekommen Sie, wenn Sie statt mit Chili mit etwas edelsüßem Paprikapulver würzen.

Serviertip

Zum Geflügeleintopf schmecken leicht gewürzte und in Butterschmalz knusprig fritierte Kochbananenscheiben.

Die Afrikaner trinken dazu ein selbstgebrautes Maisbier. Ersatzweise ein Helles einschenken.

JÜDISCHER NEUJAHRSKUCHEN

ISRAEL

Der traditionelle Gewürzkuchen aus Israel wird mit Orangeat, Zitronat, Sultaninen und Walnußkernen zubereitet und mit Waldhonig gesüßt. Ein saftiger Kuchen für jeden Geschmack.

ZUTATEN
(Für 1 Kastenform; 1,5 l Inhalt)

- 25 g Zitronat
- 25 g Orangeat
- 100 g gehackte Walnußkerne
- 100 g Sultaninen
- 125 ml Tresterschnaps
- 125 g Waldhonig
- 2 Eier
- 75 g brauner Zucker
- 4 EL Öl
- 250 g Mehl
- 2 TL Backpulver
- 2 TL abgeriebene Zitronenschale
- ½ TL Zimt
- 2 Msp. gemahlene Nelke
- 2 Msp. gemahlener Ingwer

AUSSERDEM

- Fett und Semmelbrösel für die Form
- 75 g abgezogene Mandeln

1 Das Zitronat und das Orangeat fein zerkleinern. Dann mit Walnüssen, Sultaninen und Schnaps vermischen und über Nacht an einem kühlen Ort marinieren lassen.

2 Am nächsten Tag die Form ausfetten und mit Bröseln ausstreuen. Den Waldhonig in einem Topf bei schwacher Hitze flüssig werden, dann leicht abkühlen lassen. Die Eier verquirlen. Dann Honig, Zucker und Öl untermischen. Alles mit den Schneebesen des Handrührgeräts 3 Minuten cremig schlagen.

3 Den Backofen auf 175 °C vorheizen. Das Mehl mit Backpulver, Zitronenschale, Gewürzen und Früchte-Nuß-Masse vermengen. Dann die Mehlmischung mit den Knethaken des Handrührgeräts unter den Teig kneten.

4 Den Teig in die Form füllen, die Mandeln gleichmäßig darauf verteilen und leicht eindrücken. Den Kuchen im Ofen (Gas 2; Umluft 150 °C) etwa 1 Stunde backen, dann eine Garprobe durchführen (siehe Kochtip). Ist der Kuchen fertig, leicht abkühlen lassen und aus der Form stürzen. Vor dem Servieren den Neujahrskuchen 2 Tage in Aluminiumfolie gewickelt an einem kühlen Ort lagern.

Schritt 2

Schritt 3

Schritt 4

Marinieren 12 Std.
Zubereiten 35 Min. Backen 1 Std.
Pro Stück (20 Stücke):
175 kcal/733 kJ;
3 g EW; 8 g F; 23 g KH

TYPISCH ISRAELISCH

Auf den Märkten in Israel findet man sämtliche Zutaten, die man für den Neujahrskuchen »Leikach« braucht. Neben Grundzutaten gibt es eine riesige Auswahl an getrockneten und gezuckerten Früchten sowie Nüssen – für Kochbegeisterte und Liebhaber von süßen und fruchtigen Kleinigkeiten ein wahres Paradies.

Kochtip

Um die Garprobe durchzuführen, einfach mit einem Holzstäbchen in den Kuchen stechen. Bleibt kein Teig mehr daran haften, ist der Kuchen bereits durchgebacken. Klebt Teig daran, dann sollte der Kuchen noch mindestens 10 Minuten weiterbacken. Dann zur Kontrolle die Garprobe nochmals durchführen.

Serviertip

Hartgekochte Eier in Salzlake tischt man in Israel besonders gerne nach einer üppigen süßen Kuchentafel auf.

Zum Neujahrskuchen paßt ein Kaffee mit Sahne oder eine heiße Milch mit viel Honig.

HOCHZEITSSUPPE MIT LAMM

TÜRKEI

Das kräftigende Lammsüppchen mit Ei und Zitrone gehört zu jedem türkischen Hochzeitsmahl. Die Suppe schmeckt aber so gut, daß man sie seinen Gästen ruhig öfters gönnen sollte.

ZUTATEN

(Für 4 Portionen)

- 1 Zwiebel
- 1 Knoblauchzehe
- 1 Möhre
- 500 g Lammknochen (siehe Zutatentip)
- 500 g Lammschulter mit Knochen
- 1 Lorbeerblatt
- Salz, schwarzer Pfeffer
- scharfes Paprikapulver

AUSSERDEM

- 4 Zweige Petersilie
- 30 g Butter
- 40 g Mehl
- 3 Eier
- 3 EL Zitronensaft

ZUTATENTIP

Sollten Sie keine Knochen vom Lamm bekommen, dann können Sie statt dessen auch Rinderknochen verwenden.

1 Die Zwiebel und den Knoblauch schälen und fein würfeln. Dann die Möhre putzen, schälen und grob zerkleinern. Die Knochen kalt abbrausen und mit 1¼ l Wasser, Fleisch, Knoblauch, Zwiebel, Möhre und Lorbeerblatt in einem Topf zum Kochen bringen. Alles zugedeckt etwa 1 Stunde kochen lassen.

Schritt 1

2 Die Brühe durch ein Sieb abgießen, auffangen und abkühlen lassen. Dann das erkaltende Fett entfernen (siehe Kochtip). Das Lammfleisch vom Knochen lösen und würfeln. Die Petersilie abbrausen, trockenschütteln und ohne grobe Stiele fein hacken.

Schritt 3

3 Die Butter in einem Topf erhitzen. Das Mehl darin anschwitzen. Den Topf von der Herdplatte ziehen und unter Rühren etwa ¾ l Brühe angießen. Alles erneut erhitzen und 10 Minuten kochen lassen. Dann mit Salz, Pfeffer und Paprikapulver würzen. Das Fleisch dazugeben und darin erhitzen.

Schritt 4

4 Die Eier mit einer Gabel verquirlen. Die übrige kalte Brühe, den Zitronensaft und 5 EL heiße Brühe untermischen. Dann alles in die Suppe einrühren, kurz erwärmen, aber nicht mehr kochen lassen (siehe Kochtip). Die Suppe mit Petersilie garniert servieren.

Zubereiten **1** Std. **30** Min.
Garen **1** Std. **20** Min.
Pro Portion: 590 kcal/2468 kJ; 28 g EW; 48 g F; 11 g KH

TYPISCH TÜRKISCH

Bei festlichen Ereignissen, etwa Hochzeiten, wird in der Türkei ein mehrgängiges Menü serviert. Vor allem in ländlichen Regionen wird ausgiebigst gefeiert und gegessen. Eine Suppe darf dabei auf keinen Fall fehlen. Diese wird jedoch nicht zum Menüauftakt gereicht, sondern als »Verdauungssuppe« vor dem Dessert.

Kochtip

- Die Brühe am besten schon am Vortag kochen und über Nacht auskühlen lassen. Am nächsten Tag läßt sich das Fett, das sich an der Oberfläche ablagert, mit einer Schaumkelle ganz einfach abheben.
- Ist das Eigemisch in die Suppe eingerührt, so darf diese nicht mehr kochen, da das Ei sonst ausflockt.

Serviertip

Als süßen Abschluß türkischen Honig in kleine handliche Riegel schneiden und auf einer Platte reichen.

Traditionell trinkt man zum Essen »Raki«, einen Anisschnaps, pur oder mit etwas Wasser verdünnt.

SERVIERTIP Ein Salat aus Tomaten, Schafskäse und Salatgurke harmoniert besonders gut zum Lamm.

Zum Essen mundet ein kräftiger dunkelroter Rotwein, etwa ein »Mavros« von der Insel Samos.

OSTERLAMM AUF GRIECHISCHE ART

GRIECHENLAND

Der verführerische Duft von Rosmarin, Thymian und Oregano macht Lust auf ein zartes Stück Lammkeule mit gebackenen Kartoffeln. Ein feines Osteressen, das sich gut zubereiten läßt.

ZUTATEN
(Für 4 Portionen)

- 900 g ausgelöste Lammkeule (siehe Zutatentip)
- Salz, schwarzer Pfeffer
- 1 TL getrockneter Thymian
- 5 EL Olivenöl
- 4 Knoblauchzehen
- 4 mittelgroße Zwiebeln
- 4 Zweige Rosmarin
- 2 Zweige Thymian
- 1 kg mittelgroße festkochende Kartoffeln
- 2 EL Tomatenmark
- 1 TL getrockneter Oregano
- 150 ml Weißwein

AUSSERDEM
- Küchengarn

ZUTATENTIP
Besonders zart und wohlschmeckend ist die Keule eines Milchlamms, die es im Frühling zur Osterzeit gibt.

1 Backofen auf 225 °C vorheizen. Fleisch kalt abwaschen, trockentupfen und mit Salz, Pfeffer und getrocknetem Thymian einreiben. Mit 2 EL Öl beträufeln. Knoblauch schälen und hacken. Zwiebeln schälen und vierteln. Rosmarin und Thymian abbrausen, trockenschütteln und von 2 Rosmarinzweigen die Nadeln abzupfen und fein hacken.

Schritt 1

2 Knoblauch, gesamten Rosmarin und Thymian in die Mitte der Keule geben. Dann Fleisch zusammendrücken, mit Küchengarn zusammenbinden und auf ein tiefes Backblech legen. Lammkeule im heißen Backofen (Gas 4; Umluft 200 °C) 15 Minuten braten.

Schritt 2

3 Kartoffeln schälen, längs vierteln und mit Zwiebeln und 2 EL Öl vermischen. Salzen und pfeffern. Tomatenmark mit Oregano und Wein verrühren. Fleisch wenden. Mit 1 EL Öl bepinseln. Die Kartoffeln um das Fleisch legen und das Tomatenmark darauf verteilen.

Schritt 3

4 Die Temperatur auf 200 °C (Gas 3; Umluft 180 °C) herunterschalten und alles 1 Stunde weitergaren. Nach 30 Minuten das Fleisch nochmals wenden. Das Fleisch mit Kartoffeln und Zwiebeln servieren.

Zubereiten **50** Min.
Garen **1** Std. **15** Min.
Pro Portion: 950 kcal/3975 kJ; 46 g EW; 64 g F; 48 g KH

TYPISCH GRIECHENLAND
In ländlichen Regionen zieht jede Familie ihr eigenes Milchlamm für das Osteressen auf. Den besonderen Geschmack bekommt das Fleisch durch das Schmoren in einem Spezialofen, der mit Kiefernholz befeuert wird. Zum Essen wird frisches selbstgebackenes Weißbrot serviert.

SPINATTORTE MIT EI

ITALIEN

Die pikante Blätterteigtorte aus Blattspinat, Frühlingszwiebeln, Frischkäse, Ricotta, Parmesan und Eiern schmeckt kalt und warm und darf bei keinem italienischen Osterbrunch fehlen.

ZUTATEN

(Für 1 Springform, 28 cm Ø)

- 300 g Tiefkühl-Blätterteig
- 700 g Blattspinat (siehe Zutatentip)
- 1 Bund Frühlingszwiebeln
- 450 g Doppelrahm-frischkäse
- 100 g Ricotta (siehe Zutatentip)
- 100 g geriebener Parmesan
- ½ TL getrockneter Majoran
- Salz, schwarzer Pfeffer
- 6 Eier

ZUTATENTIP

- Sollten Sie keinen frischen Blattspinat bekommen, dann nehmen Sie statt dessen einfach 600 g Tiefkühlware.
- Statt Ricotta können Sie auch die gleiche Menge Doppelrahmfrischkäse nehmen.

1 Den Teig auftauen lassen. Den Spinat verlesen, waschen, trockenschleudern und fein zerkleinern. Die Frühlingszwiebeln von Wurzeln und dunkelgrünem Ende befreien, waschen und in feine Ringe schneiden.

2 Den Backofen auf 200 °C vorheizen. Den Frischkäse mit Ricotta, Frühlingszwiebeln, 80 g Parmesan und Spinat vermischen. Mit Majoran, Salz und Pfeffer würzen. Die Springform mit kaltem Wasser ausspülen.

3 Etwa ⅔ des Blätterteiges kreisförmig ausrollen (32 cm Ø; siehe Kochtip) und die Form damit auskleiden. Den restlichen Teig ausrollen und einen kreisförmigen Deckel (28 cm Ø) ausschneiden. Aus den Teigresten Streifen ausschneiden (siehe Kochtip).

4 Die Spinatmasse auf dem Teig verteilen. Mit einem Eßlöffel 6 Vertiefungen hineindrücken. Die Eier nacheinander aufschlagen und in die Mulden gleiten lassen. Die Torte mit dem übrigen Käse bestreuen. Den Teigdeckel darauflegen und mit den Teigstreifen verzieren. Aus der Mitte des Deckels ein Loch (4 cm Ø) herausschneiden. Den Kuchen im Ofen (Gas 3; Umluft 180 °C) etwa 45 Minuten backen. Noch lauwarm servieren.

Schritt 2

Schritt 4

Schritt 4

Zubereiten **40** Min. Backen **45** Min.

Pro Stück (8 Stücke):
485 kcal/2029 kJ;
17 g EW; 39 g F; 16 g KH

TYPISCH ITALIENISCH

»Parmigiano Reggiano« ist der berühmteste italienische Käse und wird bereits seit mehreren Jahrhunderten nach dem gleichen Rezept hergestellt. Für die Produktion von 1 kg Käse benötigt man 16 l Milch. Die Reifung erfolgt auf völlig natürlichem Wege und erstreckt sich über einen Zeitraum von 18-36 Monaten.

Kochtip

- Zum Ausrollen die Teigplatten aufeinanderlegen und die Ecken rund schneiden. Den Teig beim Ausrollen immer ein Stück drehen, damit dieser rund wird.
- Statt Streifen können Sie aus den ausgerollten Teigresten auch Motive, wie Herzen, Blumen, kleine Vögel, Hasen, Schafe oder Ostereier, ausstechen.

Serviertip

Vor der herzhaften Spinattorte eine Gemüsesuppe aus Zucchini, Erbsen, Möhren und Fenchel reichen.

Als Getränk dazu empfiehlt sich ein Weißwein aus der Toskana oder Orangenlimonade.

FLAMBIERTES HÄHNCHEN VON DEN KANAREN

SPANIEN

ZUTATEN
(Für 4 Portionen)

- 1 Hähnchen (etwa 1,8 kg)
- Salz, schwarzer Pfeffer
- 6 EL Olivenöl
- 1 TL flüssiger Honig
- 2 Knoblauchzehen
- 4 Schalotten
- 150 g durchwachsener Räucherspeck ohne Knorpel und Schwarte
- 75 ml trockener Weißwein
- 400 g Pfifferlinge (siehe Zutatentip)
- 1 TL getrockneter Thymian
- ½ Bund Petersilie
- 4 EL Weinbrand

ZUTATENTIP

Anstelle von frischen Pfifferlingen können Sie auch 40 g getrocknete Pfifferlinge nehmen. Diese nach Vorschrift in Wasser einweichen.

Das Hähnchen wird mit etwas Honig-Knoblauch-Öl bepinselt, damit es schön knusprig wird, dazu gibt es edle Pfifferlinge. Aber erst durch das Flambieren wird es dann richtig festlich.

1 Das Hähnchen in 4 Portionen teilen, kalt abwaschen und trockentupfen. Mit Salz und Pfeffer einreiben. 3 EL Öl mit dem Honig verrühren. Dann den Knoblauch schälen und 1 Zehe zum Öl pressen. Die Hähnchenteile in einer Form mit 1 EL Marinade bepinseln und zugedeckt 15 Minuten kühl stellen.

Schritt 1

2 Den Backofen auf 225 °C vorheizen. Die Schalotten schälen, mit Speck und restlichem Knoblauch kleinwürfeln. 2 EL Öl in einem Bräter erhitzen und die Hähnchenteile darin rundherum anbraten. Dann Schalotten, Knoblauch und Speck dazugeben und kurz mitbraten. Den Wein angießen. Den Bräter mit Deckel verschließen. Hähnchen im Ofen (Gas 4; Umluft 200 °C) 20 Minuten garen.

Schritt 2

3 Die Pilze putzen und dazugeben. Alles mit Salz, Pfeffer und Thymian würzen und mit übrigem Öl und restlicher Marinade bepinseln. Dann alles ohne Deckel weitere 15 Minuten im Ofen garen (siehe Kochtip). Die Petersilie abbrausen, trockenschütteln, ohne grobe Stiele fein hacken und unter die Pilze mischen. Dann den Weinbrand in einer Schöpfkelle über einer Kerze erwärmen, anzünden (siehe Kochtip), vorsichtig über das Hähnchen gießen und servieren.

Schritt 3

Marinieren **15** Min.
Zubereiten **30** Min. Garen **35** Min.
Pro Portion: 825 kcal/3452 kJ;
46 g EW; 65 g F; 4 g KH

TYPISCH LANZAROTE

Die kanarische Insel Lanzarote ist wegen ihres subtropischen Klimas ein beliebtes Reiseziel für viele Urlauber. Obwohl hier der Fremdenverkehr als Einnahmequelle an erster Stelle steht, gibt es im Landesinneren immer noch fast unberührte, kaum erschlossene Flecken, wo ein Esel als Transportmittel notwendig ist.

KOCHTIP

- Wenn Hähnchen und Pfifferlinge ohne Deckel im Ofen garen, sollten Sie darauf achten, daß sie nicht austrocknen. Gegebenfalls mit Olivenöl bepinseln.
- Sie sollten das Hähnchen auf keinen Fall am Herd direkt unter einer Abzugshaube flambieren. Da der Fettfilter brennbar ist, besteht erhöhte Brandgefahr.

SERVIERTIP

Weißbrotscheiben mit gehacktem Knoblauch und fein zerkleinerter Petersilie im Ofen knusprig rösten.

Als Getränk einen kanarischen Rotwein von La Palma oder Lanzarote servieren.

Küchen-Lexikon

In alphabetischer Reihenfolge finden Sie hier Begriffe und weniger bekannte Zutaten erklärt, die in den Rezepten vorkommen.

Erdnussbutter

Geröstete oder ungeröstete Erdnußkerne werden fein gemahlen und meist mit Pflanzenfett zu einer streichfähigen Masse verarbeitet. Diese gibt es als Erdnußcreme oder Peanut-Butter im Supermarkt zu kaufen. Erdnußbutter schmeckt gut als Brotaufstrich und verleiht asiatischen Saucen einen feinen Nußgeschmack und Cremigkeit.

Gemahlenes Zitronengras

Dieses subtropische, schilfartige Gras hat ein intensives Zitronenaroma. Man bekommt es getrocknet und gemahlen in Asienläden auch unter den Namen Sereh oder Zitronellgras. Wer kein gemahlenes Zitronengras bekommt, kann ersatzweise getrocknete und fein zerkleinerte Zitronenmelisse verwenden.

Karpfen

Einer der beliebtesten Süßwasserfische mit einem weißen, zarten und schmackhaften Fleisch, der meistens im Ganzen angeboten wird. Die Karpfensaison dauert von Oktober bis April. Den Fisch am besten gleich vom Fischhändler schuppen und ausnehmen lassen. Nur bei der Zubereitungsart »Karpfen blau« darf er auf keinen Fall geschuppt werden, denn dadurch würde die Schleimschicht, die für die Blaufärbung sorgt, zerstört werden.

Meeresfrüchte

In Fischgeschäften kann man sich frische Meeresfrüchte, wie Muscheln und Garnelen, extra zusammenstellen lassen. Tiefgekühlte Mischungen sind in gut sortierten Supermärkten erhältlich. Sie enthalten neben Muscheln und Garnelen auch Tintenfischstücke. Tiefgefrorene Ware sollte im Kühlschrank erst aufgetaut und dann vor der Zubereitung gründlich trockengetupft werden.

Menüfolge

Bei einem Menü sollte man stets auf die richtige Reihenfolge der Gerichte achten. Dabei gelten folgende Richtlinien: kalte Speisen immer vor warmen servieren, leichte Gerichte vor schweren auftragen, helles Fleisch vor dunklem anbieten und fein gewürzte Gerichte immer vor stark gewürzten reichen.

Handwerkszeug

So tranchieren und servieren Sie Speisen fachgerecht:

Das Tranchierbesteck

Um Fleisch richtig zu portionieren ist Folgendes von Nutzen: ein großes Tranchierbrett mit Saftrille und Haftfüßen, eine Tranchiergabel mit langen Zinken und stabilem Griff und ein Fleischmesser mit einer langen, glatten und dünn geschliffenen Klinge. Statt mit einer Tranchiergabel kann man das Fleisch auch mit einer speziellen Zange zum Schneiden festhalten.

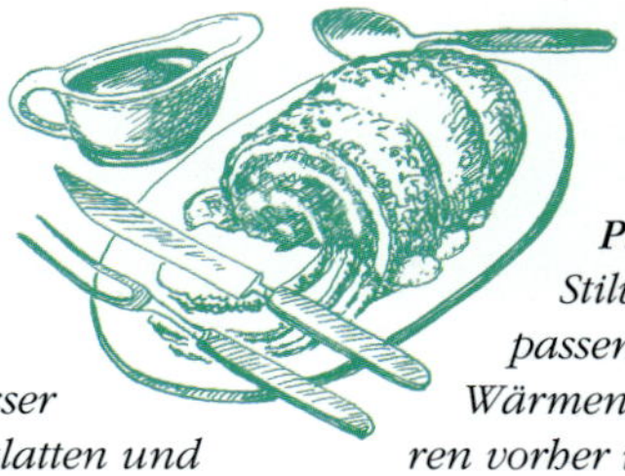

Das Servierbesteck

Mit einer Palette, am besten gelocht und aus Edelstahl, servieren Sie Fisch oder Fleischscheiben formvollendet. Für Beilagen wie Kartoffeln, Reis und Gemüse gibt es extragroße Löffel. Der Stiel sollte lang genug sein, damit der Löffel nicht in die Schüssel rutscht. Nudeln oder Spaghetti am besten mit einer Zange servieren.

Platten und Saucieren

Stilvoll sind zum Tafelgeschirr passende Platten und Schüsseln. Wärmen Sie alle Gefäße zum Servieren vorher im Backofen vor. Nach dem Servieren das Essen für den Nachschlag auf Warmhalteplatten warm stellen. Saucieren sollten nicht zu klein sein, und Porzellan- oder Edelstahlgefäße mit dicken Wänden lassen die Sauce nicht so schnell abkühlen.

Pimentkörner

Die getrockneten, rotbraunen, pfefferähnlichen Beeren des tropischen Pimentbaumes sind Bestandteil vieler Gewürzmischungen. Durch vorheriges Zerreiben der Pimentkörner wird die Würzkraft enorm verstärkt.

Riesengarnelen

Riesengarnelen werden auch Gambas, Crevetten, King Prawns oder Hummerkrabben genannt. Sie sind frisch oder tiefgefroren, roh oder gekocht, geschält oder ungeschält im Handel erhältlich. Für Salate und Suppen eignen sich am besten gekochte und geschälte Garnelenschwänze, da sie bereits ohne Därme sind. Zum Braten rohe Garnelen ohne Kopf und Schale nehmen. Die Därme müssen jedoch noch entfernt werden. Frische rohe Garnelen sollten möglichst noch am Einkaufstag zubereitet werden, denn sie sind leicht verderblich.

Stabmixer

Sie gibt es als Zubehör zu Handrührgeräten oder als Sologeräte. Am Ende des Stabs befindet sich ein Messer, das durch schnelle Drehung kleinere Mengen von gegartem Gemüse oder Obst zerkleinert bzw. püriert. Außerdem können Saucen und Suppen damit cremig aufgemixt werden. Stabmixer sind handlich, schnell griffbereit und gut zu reinigen.

Garnieren und Verzieren

Mit ein paar schnellen Handgriffen lassen sich schöne Dekorationen für Tellergerichte oder Servierplatten zaubern.

Fleurons

Für diesen Blätterteigklassiker aus Frankreich Tiefkühl-Blätterteig auftauen, auf einer bemehlten Fläche dünn ausrollen, Halbmonde ausstechen oder andere Formen ausschneiden und auf ein Backblech legen. Mit Eigelb bepinseln. Im vorgeheizten Ofen bei 225 °C (Gas 4; Umluft 200 °C) etwa 15 Minuten knusprig backen.

Glasierte Beeren

Beeren, wie z.B. Johannisbeeren oder Himbeeren, kalt abbrausen und trockentupfen. 1 Eiweiß gründlich verquirlen, die Beeren damit bepinseln, vorsichtig mit feinem Zucker bestreuen und trocknen lassen.

Paprikablumen und -herzen

Bunte Paprikaschoten vierteln, dann von Stielansatz und Samensträngen befreien und waschen. Die Viertel mit einem Messer flach schneiden und mit kleinen Metallausstechern Figuren ausstechen.

Tomatenrose

Eine mittelgroße, feste Tomate waschen und trockentupfen. Dann mit einem scharfen Messer die Schale mit etwas Fruchtfleisch 1,5 cm breit spiralförmig abschälen. Den entstandenen Streifen erst fest, dann lockerer aufrollen, damit die inneren »Blütenblätter« enger anliegen als die äußeren Blätter.

Radieschen-Blüte

Radieschen waschen und trockentupfen. In die Schale von oben nach unten Segmente einritzen. Die Schale mit einem Messer vom weißen Inneren lösen, am unteren Ende aber nicht abschneiden. Die Blüte etwa 30 Minuten in Eiswasser legen, damit sie »aufblüht«.

Tresterschnaps

Bei der Weinherstellung werden ganze Trauben gemahlen und gepreßt. Der verbleibende Rückstand aus Häuten und Stielen heißt Trester. Der zu Branntwein verarbeitete Rückstand heißt in Deutschland »Tresterschnaps«, in Frankreich »Marc«, und in Italien nennt man ihn »Grappa«.

Yamswurzel

Die tropische und kohlenhydratreiche Knolle ist, ähnlich unserer heimischen Kartoffel, nur gegart genießbar. Sie hat eine leicht mehlige Konsistenz und schmeckt etwas süßlich.

Menüvorschläge

Auf diesen Seiten finden Sie Anregungen für die Zusammenstellung landestypischer Menüs. Überraschen Sie doch einmal Familie und Freunde mit einem Festessen aus fernen Ländern.

Schweden

Weihnachtsschinken »Julskinka« 6/7
Vorspeise: Fischklößchensuppe
Dessert: Honigplätzchen

Grossbritannien

Klassischer Christmas-Pudding 8/9
Vorspeise: Minze-Pie
Hauptgericht: Truthahn

Frankreich

Flambiertes Steak aus Cherbourg 10/11
Vorspeise: Feldsalat mit Speck
Dessert: Aprikosencreme

Deutschland

Kirmesbraten mit Kümmel 12/13
Vorspeise: Kartoffelsuppe
Dessert: Bienenstich

Österreich

Wiener Hochzeitstorte 14/15
Vorspeise: Rohkost mit Dips
Hauptgericht: Gefüllte Ente

Polen

Festtagseintopf »Bigos« 16/17
Vorspeise: Gefüllte Egerlinge
Dessert: Puddingkuchen

Ungarn

Gundel Palatschinken 18/19
Vorspeise: Marinierte Gurken
Hauptgericht: Kalbsbraten

Rumänien

Siebenbürger Ente auf Gemüse 20/21
Vorspeise: Schwarzwurzelsalat
Dessert: Eis mit Früchten

Russland

Russische Quarkspeise »Pascha« 22/23
Vorspeise: Buchweizen-Blini
Hauptgericht: Fischpastete

China

Riesengarnelen in Chilisauce 26/27
Vorspeise: Zitronengrassuppe
Dessert: Frische Litschis

Thailand

Gefüllte Neujahrsblätter »Bangkok« 28/29
Vorspeise: Frühlingsrollen
Dessert: Süße Kokosberge

Indonesien

Rinderfilet mit Kokosmilch 30/31
Vorspeise: Gemüsesalat
Dessert: Gebratene Bananen

Rezeptregister

Impressum

Redaktion: Förstner & Knophius GmbH
Rezepte: Annette Heisch
Illustrationen: Rita Mühlbauer

Bildnachweis
Alle Titel- und Rezeptfotos:
Meister Verlag/International Masters Publisher B.V.
Harry Bischof, Michel Brauner, Dorothee Gödert, Chris Meier
Einleitung: 4 oben Mauritius, Kugler; 4 unten Heisch; 4/5 oben Mauritius, Vidler; 5 unten Mauritius, Central Color; 5 oben Image Bank, Veiga; 5 Mitte Mauritius, Scott; 5 unten Mauritius, Kaiser
Fotos zu den »Typisch-Abschnitten«: 6 Bilderberg, Leeser; 8 Mauritius, SST; 10 Mauritius, Rossenbach; 13 Bilderberg, Kirchgessner; 14 Schapowalow, Pratt-Pries; 16 Mauritius, Vidler; 19 Schapowalow, Nebe; 20 Mauritius, Kirchner; 22 Bilderberg, Madej; 26 Schapowalow, Zeffler; 29 Bilderberg, Kirchgessner; 30 Mauritius, Vidler; 32 Bilderberg, Grames; 34 Mauritius, Peebles; 36 Mauritius, Pfleiderer; 38 Mauritius, Vidler; 40 Look, Heeb; 43 Image Bank, Wackerbauer; 44 Mauritius, Raga; 48 Mauritius, De Foy; 50 Look, Greune; 52 Schapowalow, Nebbia; 55 Mauritius, Mehlig; 56 Look, Galli; 58 Mauritius, AGE

Reproduktionen: Meyle+Müller Medien-Management, 75172 Pforzheim
Computer to plate: S-B-P-S GmbH Kirchberg
Druck und Weiterverarbeitung: Sebald Sachsendruck, Plauen

ISBN 3-88477-060-8